Biblioteca de Obras Maestras del Pensamiento

Guía bibliográfica de la filosofía antigua

Rodolfo MONDOLFO

Biblioteca de Obras
Maestras del Pensamiento

Guía bibliográfica de la filosofía antigua

EDITORIAL LOSADA
BUENOS AIRES

Mondolfo, Rodolfo
   Guía bibliográfica de la filosofía antigua. - 1ª ed.
   Buenos Aires: Losada, 2005 - 152 p.; 22 x 14 cm.
   (Biblioteca de Obras Maestras del Pensamiento)

   ISBN 950-03-9384-0

   1. Filosofía Antigua-Guía. I. Título
   CDD 180.03.

1ª edición en Biblioteca de Obras
Maestras del Pensamiento: noviembre de 2005

© Editorial Losada, S. A.
   Moreno 3362,
   Buenos Aires, 1959

Distribución:
Capital Federal: Vaccaro Sánchez, Moreno 794 - 9º piso
(1091), Buenos Aires, Argentina.
Interior: Distribuidora Bertrán, Av. Vélez Sarsfield 1950
(1285), Buenos Aires, Argentina.

Composición y armado: *Taller del Sur*

Queda hecho el depósito que dispone la ley 11.723
Libro de edición argentina
Impreso en la Argentina - *Printed in Argentina*

I. Guías y repertorios bibliográficos

A) DE CARÁCTER GENERAL:

H. BOHATTA u F. HODES, *Internationale Bibliographie der Bibliographien*, Frankfurt, Klostermann, 1950; L. N. MAL-CLÉS, *Les sources du travail bibliographique. I. Bibliographie générale*, Génève. Droz, 1950 y ss.

B) DE LA FILOSOFÍA EN GENERAL:

R. BAYER, *Bibliographie de la philosophie* (publicación anual, desde 1937 en adelante) París, Vrin; G. DE BRIE, *Bibliographia philosophica 1934-45. I. Bibliographia historiae philosophiae*, Bruxelles-Utrecht 1950; *Répertoire bibliographique de la philosophie*, public. trimestrelle, Louvain, Nauvelaerts; G. VARET, *Manuel de bibliographie philosophique:* t. I. *Les philosophies classiques;* t. II. *Les sciences philosophiques*, París, Press. Univers. de France, 1956-57; *La bibliographie de l'histoire des sciences*, Arch. internat. d'hist. des sciences, París, Hermann, 1953; *Guide bibliografiche*, pubblicate dall' Universitá cattolica del Sacro Cuore, Milano, Soc. Ed. Vita e pensiero (En la serie filosófica salieron: *Storia della filosofia greco-romana*, a cura di P. ROTTA; *Platone*, a cura di

F. M. SCIACCA; *Il pensiero cristiano*, a cura di O. GIACON; etc.); *Bibliographischen Einführungen in das Studium der Philosophie*, Bern; A. FRANCKE (salieron: J. M. BOCHENSKI u. F. MONTELEONE, *Allgemeine philosophische Bibliographie*, 1948; O. GIGON, *Antike Philosophie* 1948 y *Plato* 1950; D. PHILIPPE, *Aristóteles*, 1948; M. F. SCIACCA, *Augustinus*, 1948; P. WYSER, *Thomas von Aquin* y *Thomismus* 1950; VAN STEENBERGHEN, *Philosophie des Mittelalters* 1950; O. PERLER, *Patristische Philosophie* 1950; G. VAJDA, *Jüdische Philosophie* 1950; C. REGAMEY, *Buddistische Philosophie);* Fr. UEBERWEG, *Gründriss der Geschichte der Philosophie*, 5 tomos, 12 Aufl. (I *Das Altertum v.* K. PRAECHTER; II *Die patristische u. scholastische Philosophie v.* B. GEYER; III *Die Neuzeit bis zum Ende des* XVIII *Jahrhunderts*, VON FRIESCHEI-SEN-KOEHLER u. MOOG; IV *Die Deutsche Philosophie im* XHX *Jahrhundert u. die Gegenwart* v. OESTERREICH; V. *Die Philosophie des Auslandes im* XIX *Jahrh. u. die Gegenwart* v. OESTERREICH), Berlín, 1923-28. (La 13ª ed. del 1er. tomo es pura reproducción de la 12ª, pero está en preparación una nueva edición, puesta al día, de toda la obra.)

Véanse también A. MAIRE, *Répertoire alphabétique des Thèses de doctorat de lettres des universités françaises* 1810-1900. París, 1903; W. ALTMANN, *Die Doktorats dissertationen der deutsch Universitäten 1885-90*, Berlín 1891; KLUSSMANN, *Systematisches Verzeichnis der Abhandlungen* 1876-1900, Leipzig, 5 Bde; catálogos de las disertaciones universitarias alemanas desde 1910 en adelante en *Berliner philologische Wochenschrift;* resúmenes de las *Thèses de licenc.* de las Universidades de Liège y Louvain en *Revue belge de philol. et d'-histoire; Bibliographie der philos. psychol., u. paedag. Literatur in d. deutschsprachl. Schweiz,* 1900. 1940, Basel 1944; *Bibliografía filosofica italiana* 1900-50, Roma, Delfino 1950-

52. *Philosophen Lexicon, Handwörterbuch der Philosophie nach Personen*, hrsg. v. W. ZIEGENFUSS u. G. JUNG. I 1949, II 1950, Berlín, de Gruyter.

C) DE LA FILOSOFÍA ANTIGUA:

UEBERWEG-PRAECHTER, *Grundriss d. Gesch. d. Philosophie, I. Das Altertum*, 13 Aufl., Verlag Schwabe, Basel, 1956 (reproducción de la 12ª ed. de Berlín; pero está en preparación la ed. 14ª puesta al día); P. ROTTA, *Storia della filosofia greco-romana*, en "Guide bibliografiche" dell' Universitá Cattolica di Milano; O. GIGON, *Antike Philosophie* en "Bibliograph. Einführungen in d. Stud. d. Philosophie", Bern, A. Francke, 1948; G. SEMERANO, *Introduzione alla filologia classica*, Milano, Marzorati 1921; A. M. MOSCHETTI, *Bibliogr. critica generale per la storia del pensiero classico*, in "Grande antologia filosofica" di PADOVANI e MOSCHETTI, Milano, Marzorati 1944; S. LAMBRINO, *Bibliographie de l'antiquité classique de 1898 à 1914*, París 1951, complemento a MAROUZEAU, *Dix années de philologie classique (1914-24)*, París 1927-28, y *L'année philologique* (de 1924 en adelante, un tomo cada año), París 1928 y ss.; ZELLER-MONDOLFO, *La filosofia dei Greci*, notas bibliográficas de R. MONDOLFO en tomo I y II, Firenze 1932-38; C. J. de VOGEL, *Greek Philosophy*, Leiden, Brill 1950; V. DE MAGALHAES VILHENA, *Le problème de Socrate*, app.: *Bibliographie*, París, Press. Univ. de France 1952.

Ver además: *Bibliographia antiqua. Philosophia naturalis*, comp. R. J. FORBES, Leiden, Brill; los repertorios bibliográficos en *Bursians Jahresberichte über die Fortschritte der*

Klassischen Altertumswissenschaft, Berlín-Leipzig; PAULY-WISSOWA-KROLL, *Real Encyclopaedie der Klassische Altertumswissenschaft,* Stuttgart, de 1895 en adelante.

II. Fuentes

Lo que se ha perdido para nosotros de los escritos de los autores antiguos en general y de los filósofos en particular, supera en mucho a lo que se ha conservado a través de los siglos; y la selección efectuada por el tiempo no ha correspondido siempre ni a la importancia ni siquiera a la fama y difusión de las obras. La parte que ha correspondido a la ceguera del acaso se evidencia típicamente con el ejemplo de los escritos de Aristóteles, de los cuales se han perdido los publicados por él, a pesar de haber gozado de gran renombre y obtenido gran difusión en toda la antigüedad. Igualmente hubieran corrido el riesgo de perderse (según los relatos de Estrabón y Plutarco) lós reservados a la escuela, si su hallazgo y transporte a Roma por obra de Sila no hubiesen dado lugar a transcripciones y más tarde a la edición de Andrónico, que ha permitido la transmisión de ellos hasta nosotros. Cataclismos (como en Herculano), guerras o invasiones bárbaras, que han destruido o dispersado las grandes bibibliotecas antiguas (celebérrima entre todas, la de Alejandría), han tenido gran parte en las pérdidas que debemos lamentar; sin embargo, algún nuevo hallazgo de textos originales (completos o fragmentarios) o de traducciones (latinas, árabes, sirias, etc.) se realiza de tanto en tanto, o en papiros descubiertos en las excavaciones (en Egipto, en Herculano, etc.), o en inscripciones (como la de Enoanda), o en palimpsestos, etc. Y de indagaciones de este género, y del desciframiento de los papiros de Herculano (hasta ahora sólo en parte realizado), y del reconocimiento de fragmentos de grandes filósofos en citas o imitaciones posteriores, podemos esperar todavía algún enriquecimiento ulterior de las fuentes a nuestra disposición, aunque presumiblemente sólo en medida limitada.

Además de las fuentes directas, constituidas por textos o fragmentos textuales de los autores, poseemos algunas fuentes indirectas en noticias suministradas por otros escritores antiguos. Algunos de éstos han expuesto sistemáticamente (aunque no siempre con absoluta fidelidad) el pensamiento de sus maestros que no habían dejado obras escritas (como Jenofonte y Platón para Sócrates; Timón para Pirrón; Cicerón y Sexto Empírico –como ya Clitómaco, perdido para nosotros– para Arcesilao y Carnéades; etc.); o bien dan indicaciones incidentales y ocasionales de ideas ajenas con finalidades de cita o de polémica (como lo hace frecuentemente Platón); o bien dan noticias más sistematizadas, con intentos ora de discusión crítica (como hace Aristóteles y a menudo Cicerón), ora de verdadera exposición histórica (como algunos de los peripatéticos y tal vez el mismo Cicerón). Aristóteles, en su consideración de los varios problemas, suele utilizar las opiniones de los filósofos anteriores para sacar de ellas la confirmación de sus planteos y sus soluciones, ya sea como desarrollo de las parciales intuiciones ajenas de la verdad, sea como corrección de los errores o las deficiencias de aquéllas. Pero después en su escuela y bajo su dirección se han realizado investigaciones históricas en forma sistemática: para las matemáticas, la astronomía y (según parece) la teología con Eudemo; para la medicina con Menón; para los sistemas de física y metafísica con Teofrasto. Obras desgraciadamente perdidas, de las que sólo nos quedan fragmentos o ecos en escritores posteriores. La obra de Teofrasto sobre las *Opiniones de los filósofos naturalistas (Physicón dóxai)*, en 18 libros, venía a constituir la primera historia de la filosofía. El fragmento *Sobre las sensaciones*, que ha llegado hasta nosotros, documenta qué rica fuente de noticias podía constituir para nosotros la obra íntegra; de la cual en cambio nos han llegado sólo descarnados resúmenes a través de escritores posteriores que se conocen bajo el nombre de *doxógrafos* (es decir, que refieren las opiniones *–dóxai–* de los filósofos). Una recopilación y un estudio profundizado de estos escritos (PSEUDO PLUTARCO, *Placita philosophorum;* J. ESTOBEO, *Eclogae;* M. T. CICERÓN, *De natura deorum,* I; FILODEMO, *De pietate,* I; HIPÓLITO, *Philosophoúmena;* PLUTARCO, *Stromateon;* EPIFANIO, *Excerpta;* PSEUDO GALENO, *Historia philosopha;* HERMIAS, *Irrisio philosophorum gentilium)* han sido realizados por HERMAN DIELS, *Doxographi graeci,* Berlín, 1879; 2ª edición 1929.

Mediante la confrontación recíproca de estos escritos, pudo Diels establecer que los dos primeros de ellos derivan de los *Placita* de AECIO (escritor del siglo I d. C.), que luego él pudo reconstruir; que por otra parte Estobeo abreva también, a la par de Eusebio, en un compendio de ARIO DIDIMO, gramático de la edad de Augusto; pero que, a su vez, Aecio y Ario Dídimo, conjuntamente con todos los demás, proceden de una fuente común *(Vetusta placita)* que proviene de la obra de Teofrasto. Algunos complementos a los *Doxographi* de Diels han sido agregados por P. WENDLAND *(Acta de la Academia de Berlín,* 1897); R. V. SCALA *(Festgabe Büdingers,* Innsbruck, 1898), A. BAUMSTARK *(Festgabe Wachsmuth,* Leipzig, 1897), G. PASQUALI (Sociedad científica de Göttingen, 1910).

Fuentes importantes de noticias son, entre los escritores antiguos de obras filosóficas, FILODEMO, LUCRECIO, CICE-

RÓN, SÉNECA, PLUTARCO *(De stoic. repugn., De comm. not., Quod non possit,* etc.; *Contra Colotem)*, GALENO *(De Hippocr. et Platon, plac.)*, SEXTO EMPÍRICO *(Pyrrhon, hypot., Adv. mathem.)*, PROCLO y otros neoplatónicos en sus comentarios a Platón; ALEJANDRO de Afrodisia, TEMISTIO, SIMPLICIO y otros comentaristas de Aristóteles; BOECIO y los PADRES de la Iglesia; AULO GELIO *(Noct. att.)*, ATENEO *(Deipnosophistae)*; los autores de *Vitae*, como DIÓGENES LAERCIO; los autores de *Crónicas*, como APOLODORO; los autores de obras eruditas como FOCIO *(Bibliotheca)*, SUIDAS *(Lexikon)*, J. TZETZE *(Chiliades,* etc.), M. PSELLO y otros.

Para todas esas fuentes mencionadas, véase M. DALPRA, *La storiografia filosofica antica,* Milano, Bocca, 1950. Para las fuentes directas, véanse abajo las ediciones de obras y fragmentos.

Para la ciencia ver: *A source book in Greek science,* ed. by M. R. COHEN a. I. E. DRABKIN, New York, 1948.

III. Ediciones y traducciones de obras y fragmentos

A) PRESOCRÁTICOS:

1) *Ediciones:* La recopilación de F. W. MULLACH, *Fragmenta philosophorum graecorum*, 3 vols., París, Didot 1860-61 (textos griegos y traducción latina) comprende además de los presocráticos, también a otros filósofos de época posterior, tal como Cleanto estoico (1 tomo), cínicos y cirenaicos (II), platónicos y peripatéticos (III); pero le falta el rigor crítico que caracteriza, en cambio, a las recopilaciones de H. Diels, que son (además de *Doxographi graeci* mencionados en el anterior n. II) *Poëtarum philosophorum fragmenta*. Berlín, 1901 y *Die Fragmente der Vorsokratiker,* 1ª edición 1903, 7ª edición 1954 cuidada por W. KRANZ. Esta última recopilación, fundamental para el estudio de la filosofía presocrática, contiene testimonios y fragmentos en el texto original, con traducción alemana de los fragmentos. En curso una nueva edición de los *Presocratici: testimonianze e frammenti* (textos griegos y traducción italiana con comentario) en *Filosofia antica,* collezione diretta da R. MONDOLFO e M. UNTERSTEINER, La Nuova Italia, Firenze. (Han salido 3 tomos de *Sofisti* y 1 de *Senofane* y 1 de *Parmenides*, por los cuida-

dos de UNTERSTEINER; uno de los *Pitagáricos,* por M.
TIMPANARO CARDINI; en prensa otros tomos).

2) *Traducciones* de los presocráticos: Además de las de
Mullach, Diels-Kranz, Untersteiner, etc., mencionadas arriba, hay las siguientes:
   a) italianas: G. PRETI, *I presocratici,* Milano, Garzanti 1942; *Filosofi antichi e medievali,* Bari, Laterza, en curso (ya publicados: *Sofisti, Atomisti, Eleati, Pitagorici,* por los cuidados, respectivamente, de M. CARDINI, V. E. ALFIERI, P. ALBERTELLI, A. MADDALENA).
   b) alemanas: W. CAPELLE, *Die Vorsokratiker,* Die Fragm. u. Quellberichte, übersetz, u. eingel, v. W. Capelle, 3 Aufl., Stuttgart, Kröner 1940; *Die Anfänge der abendländischen Philosophie,* eingel. v. E. HOWALD, neue übertr. v. M. GRÜNWALD, Zürich, Artemis, 1948.
   c) francesas: *Les penseurs grecs avant Socrate de Thalès de Milet à Prodicos,* trad. introd., notices et notes par J. VOILQUIN, París, Garnier 1941.
   d) inglesas: KATHLEEN FREEMANN, *Ancilla to Presocratic Philosophers,* A complete transl. of the fragments in DIELS, *Frg. d. Vors.,* Oxford, Blackwell 1948.
   e) españolas: J. D. GARCÍA BACCA, *Los Presocráticos,* 2 vols., Colegio de México 1944; nueva edición: *Fragm. filosóficos de los presocráticos,* public. del Instituto de filos. de la Univ. central de Venezuela, Caracas 1955.

Traducciones de los fragmentos se encuentran también en TANNERY, *Pour l'histoire de la science hellène;* A. REY, *La jeunesse de la science hellène,* etc.; J. BURNET, *Early Greek Philosophy,* etc.

3) *Selecciones*: RITTER et PRELLER, *Historia philosophiae graecae et romanae ex fontium locis contexta*, Gothae, Pertes 1838, IX Aufl. 1913; W. NESTLE, *Die Vorsokratiker in Auswahl*, Jena 1922; R. MONDOLFO, *Il pensiero antico*, Roma 1929, Firenze 1950 y *El pensam. ant.*, Buenos Aires, ediciones I-IV; C. J. DE VOGEL, *Greek Philosophy*, I. Leiden, Brill 1950; W. KRANZ, *Vorsokratiker Denker*, Eine Auswahl aus dem Ueberlieferten, Berlín, Weidmann, 1939, 2 Aufl., 1949; *Predsokratiki*, frg. seleccionados, trad. al esloveno y anotados por A. SOVER, Ljubljana Slokenska, Matica, 1946; *Antike Weisheit. Eine Samml. latein. u. griech. Gedanken*, Urtext u. Uebers. v. E. HEIMERAN u. M. HOFMANN, 6 Aufl., Tusculum 1957; E. P. LAMANNA, *Antología filosófica*, I, *Il pens. ant.*, Firenze, Le Monnier, 1945; *Die Vorsokratiker*, Eine Auswahl von F. W. SCHOLLMEYER, Frankfurt 1954.

Además de las recopilaciones que abarcan toda la filosofía presocrática en sus textos originales (DIELS-KRANZ y edición de La Nuova Italia dirigida por MONDOLFO y UNTERSTEINER) o en traducciones a varios idiomas pueden consultarse ediciones y traducciones particulares para los autores siguientes:

1) HESÍODO: *Theogonia*, ed. Rzach (Leipzig, Teubner). Puntoni (Bologna, Zanichelli), Mazon (Paris, Les belles lettres).
2) ÓRFICOS: *Orphica*, ed. Abel, Leipzig 1885; *Orphicorum fragmenta*, ed., O. Kern, Berlín 1922; *Orphei hymni*, ed. W. Quandt, Berlín, Weidmann, 1941 y 1955; *Inni orfici*, a cura di G. Faggin, Firenze, Fussi 1949. Una traducción italiana de muchos fragmentos órficos extraídos de la citada colección de O. Kern, y de

testimonios y fragmentos dados por Diels para cosmólogos y astrólogos del siglo VI (Museo, Epiménides, Hesíodo, Cleóstrato, Ferécides, Teagene y Acusilaos) y para los Siete Sabios, y además del escrito *Sul numero sette,* ha dado M. LOSACCO, *Introduzione alla storia della filosofia greca,* Bari 1929.

3) SIETE SABIOS: la recopilación de sus sentencias (más amplia que en Diels) efectuada por MULLACH, op. cit., y la de DITTENBERGER, *Sylloge inscriptionum graecarum; Leben und Meinungen der Sieben Weisen,* griech, u. lat. von B. SNELL, München 1933.

4) JÓNICOS: *Gli ionici* a cura di A. Maddalena (en prensa), La Nuova Italia, Firenze.

5) PITAGÓRICOS: *Carmen aureum* en Mullach, *op. cit.,* y en DIEHL, *Anthologia lyrica,* Leipzig 1925. De entre las múltiples traducciones, véanse las que tienen comentario de M. MEUNIER, París 1925; de FABRE D'OLIVET *(Les vers dorés),* París 1948 (trad. ital. Bari 1931); de L. SAINT MICHEL *(Les vers d'or de Pythagore,* texte, trad. et notes), Bourges, Boin 1950. Ver especialmente *I pitagorici* (testimonios y fragmentos con introd. y comentario) a cura di A. MADDALENA, Bari 1954. En prensa la trad. comentada de M. TIMPANARO-CARDINI, Firenze, La Nuova Italia (con el texto griego). L. DELATTE, *Edition critique des traités de la royauté attribués à des Pythagoriciens,* Accàd. de Belgique 1940. *Les traités de la royauté d'Ecphante, Diothogène et Sthénidas,* ed. L. Delatte, Univers. de Liège, 1942.

6) HERÁCLITO: J. BYWATER, *Heracliti Ephesii reliquiae,* Oxonii, 1877; H. DIELS, *Herakleitos von Ephesos,* griech. u. deutsch. Berlín 1901 y 1909; B. SNELL, *Heraklit. Fragmente,* griech u. deutsch, München 1926, 4 Aufl., 1944;

R. WALZER, *Eraclito* (griego e italiano), Firenze 1938; G. MAZZANTINI, *Eraclito. I. framm. e le testimonianze* (griego e ital.), Torino 1945; *Heraklit. Urworte der Philosophie,* griech. im deutsch übert. von G. BURCKHARDT, Wiesbaden, Insel, 1951; *Heraclitus, The cosmic fragments,* with introd., text a. transl. by G. S. KIRK, Cambridge, Univ. Pr. 1954; *Herakleitos,* con intr., trad. y notas por F. DE MARÍA, Univ. Litoral, Rosario (Arg.) 1957. Traducciones inglesas de PATRICK (Baltimore 1889), Jones (Loeb Classical Library, London 1951); alemana de M. KOHN *(Also sprach Herakl.,* Hamburg, 1907); italianas de E. Teza (Padova 1903), E. BODRERO (Torino 1910), M. CARDINI (Lanciano 1919); francesas de M. SOLOVINE (París, Alcan 1931), retrad. al español (Santiago de Chile, 1935), Iv. BATTISTINI (Paris, Cahiers d'Art 1948 y Gallimard 1955); croata de N. MAINARIC (Zagreb 1951); españolas de J. GAOS (México 1940) y R. G. AGUIRRE (Buenos Aires 1956).

7) ELEATAS. Para todos ellos véase la citada traducción, con amplio comentario, de P. ALBERTELLI (Bari, 1939); J. ZAFIROPULO, *L'école éléate. Parménide, Zenon, Melissos,* Paris, Les Belles Lettres 1950; *Los eleatas. Zénon y Meliso,* texto y trad. por J. QUILES y E. J. GRANERO, Ciencia y Fe (Rep. Arg.), 1950.

a) Fragmentos de JENOFANES también en DIELS, *Poëtar, philosoph. fragm.;* DIEHL, *Anthologia lyrica* (Leipzig); HUDSON-WILLIAMS, *Early greek elegy,* London 1926. Traducción en FRACCAROLI, *I lirici greci,* Torino 1910; SENOFANE, *Testimonianze e frammenti* a cura di M. UNTERSTEINER, Firenze, La Nuova Italia, 1955.

b) PARMÉNIDES: Véase DIELS. *Poëtarum philosophor. fragm.* cit. y *Parmenides Lehrgedicht,* griech. u. deutsch,

Berlín, 1897; traducc. italiana de M. UNTERSTEINEN, Torino, Bocca, 1925; *Peri physeos*, ed. Zafiropulo, París, 1953; *Le poème de Parménide* présenté par J. BEAUFRET, París, Press, Univers. 1955; *Trois contemporains. Héraclite, Parménide, Empédocle*, trad. nouv. et intégrale par Y. BATTISTINI, París, Gallimard 1955; *Parmenide. Testimonianze e frammenti* a cura di M. UNTERSTEINEN, Firenze, La Nuova Italia 1958.
c) Para ZENÓN: *Zeno of Elea*, a text with transl. a. notes by. H. D. P. LEE.
d) Para MELISO: *Melissi Samii reliquiae*, ed. A. COVOTTI (Studî ital. di filologia classica, 1897); *Los eleatas Zenón y Meliso*, texto y trad. por QUILES y GRANERO, Ciencia y fe 1950.
8) EMPÉDOCLES: Además de las dos recopilaciones de DIELS *(Fragm. d. Vorsokratiker y Poët. philos.)*, se ve citada a menudo la de KARSTEN, *Empedoclis agrig. carminum reliquiae*, Amstelodami 1838; y menos la de STEIN (Bonn 1857). Trad. y comentario de testimonios y fragmentos en E. BIGNONE, *Empedocle*, Torino, Bocca; J. ZAFIROPULO, *Empédocle d'Agrigente*, avec. text. et trad., París, Belles Lettres, 1953; *Empedokleous Katharmoi* ed. et trad. par J. ZAFIROPULO, París, Tallone 1954; Y. BATTISTINI, *Trois contemporains. Héraclite, Parménide, Empédocle*, trad nouv. et integrale, París, Gallimard 1955.
9) ION DE KHIOS: *Jon von Chios, Die Reste seiner Werke*, hrsg. von A. v. BLUMENTHAL, Stuttgart, 1939.
10) ANAXAGORAS. *Die Fragmente des Anaxagoras*, von O. JOEHRENS, Bochum 1939; D. CIURNELLI, *La filosofia di Anassagora*, Padova 1947; J. ZAFIROPULO, *Anaxagore de Clazomène*, París, Belles Lettres 1948; F. M. CLE-

VE, *The philosophy of Anaxagoras,* New York, Columbia Univ, Pr. 1949.
11) ATOMISTAS: *Gli Atomisti,* trad. al italiano y coment. de Y. E. ALFIERI, Bari, Laterza; *Démocrite,* trad. de M. SOLOVINE, París, Alcan 1928; F. ENRIQUES e M. MAZZIOTTI, *Le dottrine di Democrito d'Abdera,* testi e commenti, Bologna 1948; *Leukip i Demokrit,* trad. al croata por N. MAINARIC, Zagreb, 1950.
12) SOFISTAS: *Sofisti,* testimonianze e frammenti a cura di M. UNTERSTEINER, Firenze, La Nuova Italia ed. 1949-54 (tres tomos, el cuarto en prensa); *I sofisti,* trad. di M. CARDINI, Bari, Laterza; *Protagora,* trad. di E. BODRERO, Bari, 1914. Fragmentos de Hipias en JACOBY, *Fragm. d. griech. Histor.* I. Para ANTIFONTE, fragmento de Oxyrrincos, véase la trad. de Schmidt en *Humanist. Gymnasium* 1924, y la de Bignone, *Studi sul pensiero antico,* Napoli, Loffredo 1938; ANTIPHON, *discours et fragments d'Antiph. le Sophiste,* ed. et trad. L. Gernet, Belles Lettres 1954.

B) SOCRÁTICOS MENORES: Fragmentos en W. NESTLE, *Die Sokratiker in Auswahl,* 1922; *Epístolas* (apócrifas) en *Epistolographi graeci,* rec. Hercher, París, 1873.
1) JENOFONTE: Obras en ediciones Dindorf (Leipzig 1870); Schenkl (Berlin 1876); Marchant (Oxford 1920). *Memorabilia,* ed. Edwards (Cambridge 1903), Kühner (Leipzig 1920); *Socrate de Xénophon (Les Mémorables)* par P. Chambry, (Paris, Hachette 1951); *Recuerdos de Sócrates, Banquete, Apología,* versión y notas de García Bacca, Biblioteca clásica bilingüe (México 1946); *La Ciropedia,* por D. Frangos, Bibl. clás. bilin-

güe (México 1946); *Apología*, ed. Tretter (Graz 1903). Trad. italiana de *Memorabilia*, por G. M. Bertini (Torino 1890). O. GIGON, *Komment. zu erst. Buch von Xenophons Memorabilien*, Basel, Reinhardt 1953.

2) ESQUINES: *Aeschini socratici reliquiae*, collegit H. Kraus, Leipzig, Teubner 1912.

3) CÍNICOS: Fragmentos en MULLACH, *Fragm. philos. graec.* t. II. Para ANTÍSTENES: *Antisthenis fragmenta*, coll. A. G. Winckelmann, Zürich 1842. Para CRATES y DIÓGENES ver DIELS, *Poët. Philosoph. fragmenta* y NAUCK, *Tragic. graecor. fragmenta*.

4) CIRENAICOS: Fragmentos de ARISTIPO en MULLACH; E. MANNEBACH, *Aristippi et cyrenaicorum fragmenta*, diss. Bonn. 1948; G. GIANNANTONI. *I cirenaici* (fonti, traduz., studio), Firenze, Sansoni, 1958.

C) PLATÓN Y DISCÍPULOS:

1) Ediciones críticas de las obras completas de Platón por los cuidados de C. F. HERMAN (Leipzig, Teubner 1851-53 y ediciones sucesivas); M. SCHANZ (Leipzig, Tauchniz 1875-87, incompleta); de J. BURNET (Oxford, Clarendon Press, varias ediciones).

Ediciones con traducción: latina (Didot, Paris 1856-75); inglesa, de la Loeb classical Library (Heinemann, London y Harvard, Univ. Press. Cambridge Mass.); francesa (de Croiset, Chambry, Diès, Meridier, Rivaud, Robin, Souilhé; París, Les belles lettres, de 1920 en adelante); española (iniciada en Biblioteca bilingüe, México, Universidad Autónoma). Otras traducciones: a) francesas de V. COUSIN (Paris 1822-40); de

CHAUVET y SAISSET (Paris, 1861-78); de CHAMBRY *et* BACCOU (París 1937 ss.); de L. ROBIN (París, La Pleïade 1948); b) alemanas de SCHLEIERMACHER (Berlin, 1804-28); de O. APELT (Leipzig 1912); *Sämmtliche Werke,* Berlín, Schneider, 1848 y Heidelberg (Lambert u. Schneider, 3 tomos); *Dialoge* übers. u. eingel. (Basel, Schwabe, 1945 ss.); Zurich, Artemis Verl.; Bern, Francke (en curso); c) italiana, de varios (Bari, Laterza); d) inglesa de JOWETT (Oxford 1871); e) españolas: iniciadas por la fund. Barnat Menge en Barcelona y por la ed. Losada en Buenos Aires. Múltiples selecciones: *Hauptwerke* ausgew. von W. NESTLE, Stuttgart, Kröner 1952; *Antología platónica* de P. Martinetti (Torino 1939); *Opere politiche* a cura di F. Adorno (Torino, 1953); etc.

Innumerables son las ediciones y las traducciones de diálogos particulares. De entre las traducciones parciales merecen ser recordadas las italianas de ACRI (Bologna) y FRACCAROLI (Firenze, Nuova Italia).

2) *Scholia platonica* contulerunt Alleyn, Burnet, Chase Greene, Parker, Haverford, American philol. Ass., New York, 1938.

3) *Corpus platonicum medii aevi: I. Plato latinus, II. Plato arabus,* ed W. Klibowsky, London, Warburg Instit. 1943.

4) Para los discípulos de Platón véase MULLACH, *Fragmenta philosoph. graecorum* vol. III *(platonicos et peripateticos continens).* Véanse además: para ESPEUSIPO la recopilación de los fragmentos de P. Lang (Bonn, 1911); *Iréne et Areté, dialogue des morts,* d'aprés le texte de W. Newcastle, París 1939; *Ethnos, Logos et le Logophore,* dialogue reconstitué d'aprés les fragments d'un

papyre de Fayoum par W. Newcastle, Revue Numismat., París 1940. Para JENÓCRATES la recopilación de fragmentos de R. Heinze (Leipzig, 1892); para HERACLIDES DEL PONTO la de O. Voss (Rostock, 1896); para Crantor la de Kayser (Heidelberg 1881).

D) ARISTÓTELES Y SUS DISCÍPULOS:

1) La edición fundamental de las obras de Aristóteles es la de BEKKER, efectuada por la Academia de las Ciencias de Berlín (1831-36) en 5 volúmenes, que contienen: I-II, las obras en el texto griego; III, las antiguas traducciones latinas; IV, extractos de comentarios griegos recogidos por BRANDIS; V, los fragmentos de Aristóteles, recogidos por V. ROSE, un suplemento de comentarios griegos recogido bajo la dirección de H. USENER, y el *Index aristotelicus* de BONITZ (De este *Index aristotelicus* se ha efectuado recientemente una reimpresión –*Nachdruck*– por la misma Academia de Berlín, 1955). Bajo los auspicios de la misma Academia de Berlín se ha publicado el *Supplementum Aristotelicum* (1885-93, en tres tomos), que contiene la *Constitución de Atenas,* 4 tratados de Alejandro de Afrodisia y otros comentarios; y se ha emprendido a partir de 1882 la recopilación de los *Commentaria in Aristotelem graeca*.

La edición Didot de *Aristotelis opera omnia* (París, 1848-74), en 5 volúmenes, lleva en los cuatro primeros el texto griego con la traducción latina, y en el último el índice de los nombres y de las cosas.

Ediciones críticas (además de la mencionada de Bekker), la de Oxford (Clarendon Press, bajo la dirección de W. D. Ross), la de Loeb classical library (London-Cambridge Mass.), la de la Colección Budé (Paris, Les belles lettres), la teubneriana (Leipzig). Ediciones parciales: *Die Lehrschriften,* hrsg. übertr, u. erl. von P. GOHLKE, Paderborn, Schöningh, 1947-53; *The basic works of Aristoteles,* ed. by R. Mc Keon, N. York, 1941. Traducciones alemanas en la ed. Prantl y otros (Leipzig 1854-79), incompleta; en las colecciones Metzler, Hoffmann y en la Biblioteca Filosófica de Meiner (Leipzig); en curso la de O. GIGON, *Werke eingel. und neu übertr.* von O. Gigon (Biblioth. d. alt. Welt, griech. Reihe, Zurich, Artemis Verl. 1950 ss.). Traducciones francesas de Barthélemy Saint Hilaire (París 1879-92); de varios en la ed. de Les Belles Lettres. Traducción inglesa de Smith and Ross (Oxford); traduc. italianas en curso de publicación en la editorial Laterza (Bari) y en otras (Einaudi de Torino, Cedam de Padova, etc.) de obras aisladas. Trad. española de algunas obras *(Política,* ed. bilingüe por J. Marias, *La Constit. de Atenas* por A. Tovar, Inst., Estud. Polít., Madrid, 1950; etc.): en preparación una trad. comentada de todas las obras en la ed. Losada, Buenos Aires. De las muchísimas ediciones y traducciones de cada obra no es posible dar una lista: sólo recuerdo la edición de *Aristotalis fragmenta,* debida a R. WALZER. (Firenze, 1934); *Dialogische Schriften* hrsg. von L. BALE, München, Heimeran, 1943; las nuevas ediciones de los *Analíticos* y de la *Física* debidas a W. D. Ross (1949-50); la próxima nueva edición de la *Metaphysica* debida a W. JAEGER; la traducción italiana del *Organon,* debida a G. Colli; la ed. de *L'Ethique á Nicom.* de GAUTHIER et JOLIF, Louvain, 1958; etc., etc.

2) Para la traducción medieval de Aristóteles, ver *Corpus philosophorum medii aevi: Aristoteles latinus*, Roma, 1939 ss.

3) En cuanto a los discípulos de Aristóteles, véase para TEOFRASTO: *Theophrasti Eresii quae supersunt*, ed. Wimmer (Breslau 1842, Leipzig, 1854, París, 1866); *De prima philosophia*, ed. USENER (Bonn 1890); *Physikón dóxai* en DIELS, *Doxographi graeci*; *Caracteres*, ed. DIELS (Oxford 1909), PASQUALI (Firenze, 1919), IMMISCH (Leipzig, 1923); *La métaphysique*, trad. et notes par J. TRICOT, París, Vrin, 1948.
Para los demás: EUDEMI *Rhodii fragmenta*, collegit L. SPENGEL (Berlin 1866 y 1870); *The Harmonies of* ARISTOXENOS, ed. with transl. a. notes by MACRAN (Oxford, 1903); *Aristoxeni elementa harmoníca*, rec. et trad. R. da Rico (Roma 1954); DICAEARCHI *quae supersuni*, ed. M. FUHR (Darmstadt 1841). Para todos véanse especialmente los siete tomos de la colección *Die Schule des Aristoteles* (ARISTOXENOS, KLEARCHOS, DEMETRIOS von Phaleron, DIKAIARCHOS, STRATON von Lampsacos, HERAKLEIDES Pontikos, EUDEMOS von Rhodos), text u. comment. von F. WEHRLI, Basel, Schwabe, 1944-55. W. JAEGER, *Vergess. Fragm. der peripatet*. DIOKLES *von Karystos*, Berlín, de Gruyter, 1938.

E) ESTOICOS:

1) Antiguos: *Stoicorum veterum fragmenta*, collegit J. ab ARNIM: vol. I, ZENÓN y sus discípulos; II, CRISIPO: lógica y física; III, CRISIPO (moral) y sus sucesores; IV, Índices (Leipzig 1903-24). Quedó incompleta una

traducción italiana (con agregados y comentarios) de N. FESTA, habiendo aparecido dos tomos (Zenón y discípulos), Bari, Laterza.

2) Estoicos medios: PANAETII el HECATONIS *librorum fragmenta* collegit H. N. FOWLER (Bonn 1885); POSIDONII *Rhodü reliquiae,* ed. BAKE, (Leiden, 1810), insuficiente. *Stoa und Stoiker. Die Gründer,* PANAITIOS, POSEIDONIOS, Selbstzeugnisse u. Berichte übertr. von M. POHLENZ, Zürich, Artemis Verl. 1949. *Panaetü Rodü fragmenta,* coll, van STRAATEN, Leiden, Brill 1952. A. TRAVERSA, *Index stoicorum herculanensis.* Génova, Ist. filol. class. 1952.

F) EPICURO Y DISCÍPULOS:

1) Para Epicuro: H. USENER, *Epicurea,* Leipzig, 1887; E. BIGNONE, *Epicuro, opere, frammenti, testimonianze,* Bari 1920; C. BAILEY, *Epicurus,* Oxford, f 925; *Nuove Lettere di Epicuro e dei suoi scolari,* ed. A. VOGLIANO, Bologna 1928; *Epicuri et Epicureorum scripta in Herculan, papyris servata,* ed. A. VOGLIANO, Bologna, 1928; A. Vogliano, *I frammenti del XIV libro del Peri physeos di Epicuro,* Bologna 1932; A. VOGLIANO, *Epicurea* I y sigs. en "Acme" Ann. facoltá filos. Lett. di Milano, 1948 sigs.; *Ethica epicurea pap. Hercul.* 1251, ed. et instr. est W. SCHMID. Leipzig, 1939; A. de WITT, *Epicurus. Perí phantasias,* Middletown, Amer. Phil. Ass. 1939; A. VOGLIANO, *I resti dell' XI libro del Perì physeos di Epicuro,* Publ. Soc, Papyr., Le Caire 1940; *Epicure. Doctrines et maximes,* trad. par M. SOLOVINE, 2ª éd., París 1940);

Lettere di Epicuro e dei suoi, ed. da C. DIANO, Firenze 1946; *Epicuri Ethica,* ed. C. DIANO, Firenze 1946; *The Stoic and Epicurean Philosophers. The complete extant writings of Epicurus, Epictetus, Lucretius a. M. Aurelius,* by W. J. OATES, New York, 1940; *Epikur. Fragmente* hrsg. v. J. VON HABINGER, Zürich, 1947; *Epikur. von d. Ueberw, d. Furcht, Katechismus, Lehrbriefe* etcétera, übertr. von O. GIGON, Zürich, Artemis Verl., 1949; *Epikur. Brief an Pythokles* hrsg. u. üb. von E. BOER, Berlín, Akad. Verl. 1954. De los papiros de Herculano no se ha terminado todavía de extraer los restos del *Perì Physeos (Sobre la naturaleza)* de Epicuro.

2) De esos papiros herculanenses y de los de Oxford se han extraído fragmentos de varias obras del epicúreo FILODEMO: *Sobre los signos y las notas,* ed. GOMPERZ, Leipzig 1865; *Sobre los dioses,* ed. DIELS, Berlín 1916-17; *De pietate* ed. GOMPERZ, Leipzig 1866; *De morte,* ed. MEKLER, Wien 1886 y BASSI, Milano, 1914; *Sui difetti e le virtù opposte,* ed. BASSI, Milano 1914; *De oeconomia,* ed. JENSEN, Leipzig, 1906; *De moribus et vitüs,* ed. OLIVIERI, Leipzig 1914; *De poëmatibus* lib. II, ed. HAUSRATH, 1889 y lib. V, ed. JENSEN, Berlín, 1923; *De ira,* ed. WILKE, Leipzig, 1914; *De bono rege secundum Homerum,* ed. OLIVIERI, Leipzig 1909; *Volumina rhetorica,* ed. SUDHAUS, Leipzig 1892-96; *De musica,* ed. KEMKE, Lipsia 1884. *On methods of inference,* ed. with transl. by Ph. H. a. E. A. de LACY, Philadelphia, Amer. Philol. Ass. 1941; *Philodemi adversus sophistas* a pap. herculan. 1005 in lucem prot. F. SBORDONE, Napoli, Loffredo, 1947.

3) De LUCRECIO: *De rerum natura,* ed. BRIEGER (Leipzig, Teubner); ed. GIUSSANI (Torino, Paravia; y Milano,

Mondadori 1939); MERRIL (New York, 1907); DIELS (Berlin, 1923), con trad. alemana; ERNOUT (Paris, 1920 y 1947), con traducción francesa; W. E. LEONARD (London, 1916), con trad. inglesa y así la ed. de R. ALLISON (Humphreis, 1919). Otras ediciones: *De rerum natura*, with comm. by LEONARD a. SMITH, Madison, Univ. of Wisconsin 1942; ed. MUNRO (New York, Random House); ed. C. BAILEY, Oxford, Clarendon Pr. 1947; ed. A. CINQUINI, Roma, Accademia 1944 e 2ª ed. Bibl. scriptor. graec. et roman. 1948; ed O. GIGON, Zürich, Fussli, 1948; rec. MARTIN, Leipzig, Teubner 1953. Traducciones (además de las mencionadas), italianas de A. MARCHETTI (Firenze 1864), de M. RAPISARDI (Torino 1882), de L. FERRERO (Milano, Garzanti, 1947). Inglesa de W. H. BROWN, New Brunswick, Univ. Pr. 1950) y de R. E. LATHAM, (Penguin Books). Rusa de F. A. PETROWSKY (Leningrad. Acad. scienc. URSS 1947).

4) De DIÓGENES de Enoanda: *Fragmenta* ord. et explic. J. WILLIAM, Lipsia, 1907; *I frammenti dell' epicureo Diogene di Enoanda*, trad. da A. GRILLI *(Studî di filos. greca,* Bari, Laterza 1950).
Selección de Epicuro: EPIKUR. *Philosophie der Freude.* Auswahl von F. MEWALDT, Stuttgart, Kröner 1949.

G) ESCÉPTICOS:

1) Para los primeros escépticos (PIRRÓN y TIMÓN) véanse los fragmentos de TIMÓN, *Silloi,* en WACHSMUTH, *Sillographi graeci* (fasc. II, *Corpusculum poësis epicae graecae ludibundae),* Lipsia, 1885; y en DIELS, *Poëtarum*

philosophorum fragmenta. Antike Skeptiker int. av. WIFS-
TRAND, Stockholm, 1953.

2) Para los neoacadémicos (ARCESILAS, CARNEADES, CLITOMACHOS) véase M. T. CICERO, *Scripta philosophica*, ed. MÜLLER, Leipzig 1878; nueva edición (ZIEGLER, PLASBERG, POHLENZ, etc.) 1908 ss.; y las demás ediciones citadas bajo el rubro: *Eclécticos* (Cicerón).

3) Para los escépticos posteriores (ENESIDEMO, AGRIPA, SEXTO EMPÍRICO) y para todo el escepticismo en general: SEXTUS EMPIRICUS, *Pyrrhoneiai Hypotiposeis* y *Adversus mathematicos*, ex recens. J. BEKKER, Berlín 1842; edición crítica de H. MUTSCHMANN, en 2 volúmenes, Leipzig, Teubner, 1912-14 y 1954. *Against the professors, with english*, trad. by R. G. BURY, Loeb classical Library, London-Cambridge Mass. (Harvard Univ. Press), 1952. *Oeuvres choisis (Contre les physiciens. Contre les moralistes)*, trad. par GRENER et GORON, Paris, Aubier 1948. Trad. italiana de *Schizzi pirroniani* de O. TESCARI, Bari, Laterza.

H) ECLÉCTICOS: Véase M. T. CICERONIS, *Scripta quae supersunt omnia*, Leipzig, Teubner (nueva edición) 1949 ss.; y más especialmente *Scripta philosophica*, ed. Müller citada arriba, y la nueva edición de ZIEGLER, PLASBERG, SCHICHE, POHLENZ, SIMBECK, ATZERT, Leipzig 1908 ss. Véase además CICERO'S *Philosophische Schriften* ausgew. von P. VERRES, Münster 1949; *La filosofia di Cicerone*, passi scelti da G. RIGHI e A. LANZA, Firenze, 1940; *Opere politiche e filosofiche* I-II, Torino, Utet 1953-55; y las muchas ediciones críticas publicadas por *Scriptorum classicorum bibliotheca oxoniensis* (Oxford, Clarendon Press), Loeb classical Library (London-Cambridge Mass.), *Collection Budé* (Paris, Les belles lettres), *Corpus scriptorum latinorum paravianum* (Torino, Paravia), Heidelberger Texte, Bibl. helvética (Zürich, Artemis Verlag), por los editores Schöningh de Paderborn, Heimeran de Münich. Muchas ediciones de obras aisladas: *De legibus,* einl. Krit. app. von K. ZIEGLER. Heidelberg, 1950; *De republica* a cura di L. FERRERO, Firenze, N. Italia 1950; *Somnium Scipionis,* texto y coment. por A. Skassis, Atenas, 1950; *Las leyes,* ed. bilingüe, por R. LABROUSSE, Univers. de Puerto Rico, 1954; etcétera.

I) ESTOICOS DE LA EDAD ROMANA:

1) L. A. SÉNECA: Obras filosóficas, ed. HAASE (Leipzig, Teubner 1852); ed. HERMES, HOSIUS, GERCKE, HENSE, BICKEL, en 4 tomos, Leipzig, Teubner 1905-29; ed. Colección Budé, París, Belles Lettres 1924-27; ed. Loeb Class. Libr., Cambridge Mass. 1936; *Lettere a Lucilio,* ed. Beltrami, Bologna, Zanichelli e Roma, 1949; *Lettres à Lucilius,* París, Belles Lettres, 1945-47; *Epistulae morales,* ed. Alexander, Univ. of Calif., 1940; *Letters to Lucilius* transl. by F. P. PARKER, New York, Oxford. Univ. Pr. 1951; *Lettere a Lucilio* a cura di U. BOELLA, Torino, Utet 1951; *Cartas morales,* ed. bilingüe, trad. GALLEGOS ROCAFULL, México, Univ. Nac. Aut. 1951-53; *Ad Lucilium,* epist mor. hrsg. von A. KLEIN, Münster, 1948-53; *Dialogorurn libri, De tranquill. animi, De brevitate vitae,* rec. L. CASTIGLIONI (Corp. script. latin. parav.) Torino, Paravia; *Seneca's Dialogues* em. et expl. W. H. ALEXANDER, Univ. of Calif. 1944-45; *Tratados filosóficos,* trad. NAVARRETE, Buenos Aires, Emecé

1943; *Tratados morales*, Buenos Aires, Esp. Calpe 1943; *Obras completas. Tratados morales*, por GALLEGOS ROCAFULL, Bibl. script. graec. et rom. Mexicana; *De beneficiis* libri VII, by W. H. ALEXANDER, Univ. of Calif. Pr., 1950; *Naturales quaestiones*, by W. H. ALEXANDER (Class. philol. XIII); *De brevitate vitae* hrsg. u. übers. von H. DAHLMANN, München, Hueber; *De constantia sapientis*, text. u. comm. door W. KLEI, Utrecht, Zwolle Willink 1950; *De la clémence* par Faider, Javet et van de Woestling, II *Commentarium et index omnium verborum*, publié par l'Univ. de Gand, Bruges 1950; *De const. sapientis* door N. Scheps, Leiden, Brill 1949; *Opuscula philosophica*, sel. O. GIGON, ed. Helveticae 1950; *De const. sapientis*, par P. Grimal, París, Belles Lettres 1953. Traducciones francesas de M. NISARD (Paris 1877), CHARPENTIER et LEMAITRE (París 1889), RICHARD (Paris 1933-34).

2) C. MUSONIO RUFO, *Reliquiae, coll.* O. Hense (Lipsia 1905); trad. íd. de N. Festa (apénd. al *Manual* de Epicteto, Milano 1913); *Wege zu gluckseligen Leben: Epictetus, Teles, Musonius*, trad. W. Capelle, Zürich, Artemis Verl. 1942.

3) EPICTETO: *Dissertationes ab Arriano digestae, fragmenta, enchiridion*, ed. SCHENKL (editio maior et ed. minor), Leipzig, 1916; ed MATHESON, Oxford, 1916; ed. Souilhé, Des Places et Jagu (coll. Budé), París, Belles Lettres, 1943 ss; *Fragmente*, griech. u. deutsch. hrsg. von P. Smets, Mainz 1938; *The Stoic a. epicurean philosophers, The complete extant writings of Epicurus, Epictetus, Lucretius, M. Aurelius* by W. J. OATES, New York 1940.
Traducciones: de las *Diatribas* (Disertaciones) trad. franc. de Courdaveaux (Paris 1908); del *Manual (En-*

cheiridion) italiana de Leopardi (múltiples ediciones), francesa de Thurot (Paris 1903). *Handbüchlein der Moral und Unterredungen* hrsg. von Kraus, Wien, 1950; id. hrsg. von H. Schmidt, Stuttgart, Kröner 1954. *The philosophy of Epictetus* trans. by J. BONFORTE, New York, Philos. Library 1955.

4) M. AURELIO ANTONINO: *Ad se ipsum* (o bien *In semet ipsum)* ed. Leopold (Oxford 1908), Schenkl (Leipzig, Teubner, ed. maior 1913); ed. Oates citada arriba (New York 1940); *The meditations* ed. by Farquharson, Oxford, Clarendon Pr., 1944, *Wege zu sich selbst,* krit. hrsg. u. übertr. von H. THEILER, Zürich, Artemis Verl. 1951; *Selbstbetrachtungen* hrsg. u. übertr. von A. Mauersberger, 2 Aufl., Frankfurter Diesterweg, 1951; ed., en Collection Budé, París; ed. de München, Oldenbourg. Traducciones alemanas de Gleichen Russwurm (Berlin 1913), Schmidt (Leipzig 1909), W. Capelle *(Selbstbetrachtungen),* Stuttgart, 1938; inglesas de Chrystal (London 1902) y Long (London 1906); francesa de Lemercier (París 1910); italiana de L. Ornato (Milano, Ist. edit. ital.).

5) Cebetis *Tabula,* ed. Praechter (Lipsia 1893); ed. van Wageningen (Groninga 1903).

K) CÍNICOS DE LA ÉPOCA IMPERIAL:

DIONIS PRUSAEI (CHRYSOSTOMI) *Quae extant omnia,* ed. J. von Arnim, Berlin, 1893-96; ed. G. Budé, Leipzig, 1919; OENOMAI *Fragmenta* y DEMONACTIS *Sententiae* en MULLACH, *Fragm. philosoph. graecorum.*

L) JUDEO-ALEJANDRINOS:

Fragments of Greco-jewish Writers, coll. by Stearns (Chicago 1908); ARISTEAE *epistula*, ed. P. Wendland, Lipsia 1900 (trad. inglesa de Thackeray, London 1917); ARISTOBULI *fragmenta* en ELTER. *De gnomol, graec. historia* (Bonn, 1894); Ps. PHOCYLIDES en BERGK, *Poëtae lyrici graeci* y en DIEHL, *Anthologia lyrica*. PHILONIS *Opera*, ed. Cohn a. Wendland, editio maior et minor, Berlín 1896 ss.; ed. Colson a. Whitaker en Loeb class. Library, Cambridge Mass. 1939 (with english transl. by F. H. Colson, 1941); *Philosophical Works*, sel. by H. Lewy, Oxford, East a. West Library, 1946; *Pseudo Philo's Liber Antiquit. Bibl.*, ed. by G. Kisch, Indiana, Univ. of Notre Dame, 1949; *Philo Supplement*, Loeb class. Library 1953. Traducciones: alemana de L. Cohn (Breslau 1909-23), y de Heinemann, (Breslau 1921-24); francesa de E. Bréhier (Paris 1909-25).

M) NEOPITAGÓRICOS, PLATÓNICOS PITAGORIZANTES, PERIPATÉTICOS:

1) P. NIGIDII FIGULI, *Operum reliquiae*, coll. A. Swoboda, Praga-Leipzig, 1899.
2) NICÓMACO de Gerasia, *Introductio arithmetica*, ed. Hoche, Lipsia 1866; comentarios y escolios a la misma también en las ediciones de Leipzig (teubneriana); *Encheiridion harmonikés*, ed. Meibom, en *Antiquae musicae auctores septem*, Amsterdam 1652; extractos de los *Theologoumena arithmeticae* en JAMBLICHI *Theolog. arithm.*, ed. Ast. Ver también más adelante: Matemáticos y médicos.

3) FL. PHILOSTRATI, *Opera*, ed. Kayser, Lipsia 1871; ed. Conybeare, con trad. inglesa, London-New York 1912; ed Phillimore, Oxford 1912. F. SOLMSEN, *Some Works of Philostratus the elder*, Trans. Amer. Philol. Ass., 1938.
4) NUMENIO: fragmentos en THEDINGA, *De Numenio philosopho-platonico*, Bonn 1875.
5) HERMES TRISMEGISTOS: *Ueberliefertes Schriftenkorpus*, ed. Parthey (Berlin 1854 y 1912) y traducción francesa de Ménard (Paris 1868), inglesa de Chambers (Edinburg 1882) y de Mead (London, 1906); *Hermetica. The ancient greek and latin Writings ascribed to Hermes*, ed. a. transl. W Scott, Oxford 1924-36; *Corpus hermeticorum* ed. NOCK y trad. franc. de A. J. FESTUGIÈRE: *La révélation de Hermes Trismégiste*, collect. Budé, París, Belles Lettres 1945 ss. (en el tomo III: *Les doctrines de l'âme*, suivies de JAMBLIQUE, *Traîté de l'âme* et PORPHYRE, *De l'anim. de l'embryon*, París, 1953).
6) *Oracula caldaica*, ed. KROLL, Breslau 1894.
7) *Codices astrol. graeci*, ed. A. Eitrem, Leipzig 1938.
8) PLUTARCO de Queronea: E. G. LEDOS, *Catalogue des ouvrages de Plutarque*, París, Imprim. nation. 1938; *Moralia*, ed. Dübner (Paris, Didot) con traducción latina; ed. Bernadakis, Leipzig 1888-96; nueva ed. teubneriana, rec. Hubert, Pohlenz, Ziegler (Leipzig 1939 ss.); ed. de Loeb classical Library, London-Cambridge Mass.; *Moralia* hrsg. von W. Ax, einl. von M. Pohlenz, Leipzig 1942; *Sur la disparition des oracles*, texte, trad. et notes par R. Flacelière, Paris, Belles Lettres 1947; *Een bloemlezing nit zijn geschriften*, vert. door V. P. Thennissen, Haarlem 1950; *Ueber Gott*, etc. *Religions philosoph. Schriften*, neu übertr. von K. Ziegler, Zürich, Artemis Verl. 1952; *Dialogue sur l'amour*, texte et trad.

par R. Flacelière, Paris, Belles Lettres, 1952; *De facie in orbe lunae*, ed. H. Cherniss, London 1957; *Moralia, Libri contra stoicos et epicureos*, rec. M. Pohlenz, Leipzig, Teubner 1952.

9) TEÓN de Esmirna, *De astronomia*, ed. Martin (Paris 1849); *Expos. rerum mathemat.*, ed. Hiller (Lipsia, 1878); texto con trad. francesa de Dupuis (Paris 1892). Sobre los matemáticos ver también más adelante.

10) ALBINO, *Prólogo*, ed. Hermann, en el vol. VI de las obras de Platón; ALBINI *Fragmenta* en MULLACH, *Fragm. philos. graec.* vol. III; edición crítica de Freudenthal en *Hellenist. Studien*, fasc. 3.

11) APULEYO de Madaura: *Scripta quae sunt de philosophia*, ed. Thomas, Lipsia 1908.

12) CELSO; *Fragmenta libri contra Christianos* coll. Jachmann (Königsberg 1836) y ed. Koetschau en *Obras de Orígenes* (Leipzig 1839).

13) CLAUDIO TOLOMEO, *Opera*, ed. Heiberg (Leipzig 1898-1907). GALENO, *Opera*, ed. Kühn en *Corpus medicorum graecorum* (20 vols.), Leipzig 1821-23. Ver para ambos más adelante el rubro *Médicos y matemáticos;* además para Galeno véanse: fragmentos del comentario al *Timeo*, ed. Darenberg (Paris 1848); *De anima*, ed. Jellinek, Leipzig 1852; *De placitis Hippocratis et Platonis*, ed. Müller, Leipzig 1882; *Protrepticus*, ed. Kaibel, Leipzig 1894; fragmentos de los *Placita*, ed. Helmreich en Philologus 1894; *De optimo docendi genere*, ed. Brinkmann, Bonn 1914; *Galeni compendium Timaei Platonis aliorumque dialogorum synopsis*, ed. P. Kraus a. R. Walzer, London, Warburg Inst.

14) ANATOLIO, *De decade*, ed. Heiberg, Paris 1900.

N) NEOPLATÓNICOS:

1) ESCUELA DE ALEJANDRÍA: a) LONGINO: *Fragmenta* en la ed. Jahn-Vahlen del *De Sublimitate* (Leipzig, 1910); *De sublime*, ed. Lebèque, Coll. Budé, París, Belles Lettres 1939; ANÓNIMO, *Del sublime*, testo, trad. e note a cura di A. Rostagni, Milano, Istit. edit. ital., 1947; B. WEINBERG, transl. and comm. of *Longinus on the Sublime* to 1600, A Bibliography. Modern Philology 1950.
b) PLOTINO, *Enneades* ed. Didot (Paris, 1896), con la trad. latina de M. Ficino; ed. Müller (Berlin, 1878-80); ed. Volkmann (Lipzig 1883-84); ed. Bréhier, con trad. francesa (Paris, Les belles lettres); *Schriften*, übers. von R. Harder, Leipzig, Meiner, 1935-37; *Le enneadi*, testo critico, trad. e note di G. Faggin, Milano, Istit. edit. ital. 1947; *Enneadi*, versione integra e comm. critico a cura di V. Cilento, Bari, Laterza 1948, I-III: la parte II del tomo III contiene una *Bibliografia critica degli studi plotiniani*, a cura di B. Marien; PLOTINI *Opera:* I PORPHYRII *Vita Plotini. Enneades* I-III, ed. P. Henry et H. P. Schwyzer, Paris-Bruges 1951; *Enéadas*, primera versión española, Buenos Aires, Losada 1948; A. ARMSTRONG, *Plotinus*, a volume of selection, London, 1953.
c) PORFIRIO, *Vita Plotini*, ed. Cobet (Paris 1850); *Opuscula selecta*, ed. Nauck (Lipsia 1886); *In categorias Aristotelis introductio (Isagoge)*, ed. Busse, en *Comment. in Aristotelem*, ed. Academia de Berlín; *In Ptolem. Harmon*, ed. Wallis *(Op. mathem.*, Oxford, 1699); *Institutiones plotinianae*, en ed. Didot de Plotino; fragmentos del *Contra Christianos*, ed. Harnack (Acad. Berlin, 1916 y 1921); *Isagoge*, trad. et

notes par J. Tricot, Paris, Vrin 1947; *Vita di Plotino ed ordine dei suoi scritti,* ed. Pugliese Carratelli, Napoli 1946; *Vita Plotini* en *Plotini Opera,* ed. Henry et Schwyzer, mencionada.

2) ESCUELA SIRIA y de PÉRGAMO: a) JAMBLICO, *De vita Pythagorae,* ed. Nauck (Petersburg 1884); ed. Deubner (teubneriana, Leipzig); *Protrepticus,* ed. Pistelli (Leipzig 1888); *De comm. mathem.,* ed. Festa (Leipzig 1891); *in Nicomachi arithmet.,* ed. Pistelli (Leipzig 1894); *Theologoumena arithm.,* ed. De Falco (Leipzig 1922); *De mysteriis,* ed. Parthey (Berlin 1857) y traducciones Hopfner (Leipzig 1922) y Taylor (London 1895); *De vita Pythagorae liber,* nueva ed. Teubneriana (Leipzig 1937).

b) JULIANO emperador: *Opera* con trad. inglesa de Wright (London 1913-23); éd. Bidez et Cumont, Paris 1922.

3) ESCUELA DE ATENAS: a) PROCLUS DIADOCHUS: *Institutio physica, in primum Euclidis librum, in Platonis rempublicam, in Platonis Cratylum, in Platonis Parmenidem, in Platonis Timaeum* en Bibliotheca teubneriana (Leipzig); *Opera,* ed. Cousin (Paris 1820-25 y 1864); trad. italiana de *Elementi di teologia,* de M. Losacco, Lanciano, 1917; *Institutiones theologicae* en la cit. edición Didot de Plotino; *The Elements of theology,* text., trad. comm. by E R. Dodds, Oxford 1933; *Proclus Diadochus, Euklid Kommentar,* Halle 1945; *Le commentaire sur le premier livre d'Euclide,* trad. et notes par P. Ver Eecke, Bruge, 1948, *Komment, zum erst. Buch von Euklides Elem.,* hrsg. von Schoenberger u. Steck, Halle, Akad. der Naturforscher, 1945; *De hymnen van Proclus* vert. door von H. E. de Jong, Den Haag, von Stockum

1952; *Comment. on the first Alcibiades of Plato,* crit. text. by C. G. Westerink, Amsterdam 1954.
b) DAMASCIO: *De primis principiis,* ed. Kopp (1826), ed. Ruelle (1890-91).
c) PRISCIANI *philosophi Solutiones,* en la ed. Didot de Plotino.
d) SIMPLICIO: Comentarios a *De caelo, Categoriae, Physica* y *De anima* de Aristóteles, en la edición de la Academia de Berlín.
e) Últimos alejandrinos y latinos:
SINESIO de Cirene, *Opera* en Migne, *Patrologiae cursus completus.*
HERMIAE Alexandrini *in Platonis Phaedrum scholia,* ed. Couvreur (Paris, 1901).
JOHANNIS PHILOPONI *in Nicomachi arithm., de opificio mundi, de aeternitate mundi,* Bibliotheca teubneriana, Lipsia; comentarios a Aristóteles en la edición de la Academia de Berlín.
OLIMPIODORO: *in Platonis Alcibiadem,* ed. Creuzer, Frankfurt a. M., 1821; *in Phileburn* (Leipzig, 1826); *in Phaedonem,* Leipzig 1913; *in Gorgiam,* (Jahns Jahrb, 1848); *de arte sacra lapidis philosoph.,* ed. Berthelot en *Coll. des Alchym. grecs.*
MARTIANUS CAPELLA, ed. Dick, Leipzig 1925.
BOECIO. *Opera en* Migne, *Patrol. cursus completus; De consolazione philosophïae* en numerosas ediciones y traducciones.

O) MATEMÁTICOS Y MÉDICOS: A las indicaciones parciales contenidas en los elencos antecedentes hay que agregar:

1) MATEMÁTICOS: *Selections illustrating the history of greek mathematics:* I *From Thales to Euclid;* II *From Aristarchus to Pappus,* by Y. Thomas, Cambridge, Mass., Harvard Univ. Pr. 1939-41.
   CLAUDII PTOLEMAEI *Opera quae extant omnia,* Bibliotheca teubneriana, Lipsia (ed. Heiberg-Boll 1898-1907).
   ARCHIMEDIS *Opera,* ed. Heiberg, Lipsia; *Les oeuvres complètes d'Archimède,* trad. P. Ver Eecke, París 1921; *The works of Archimedes,* ed. by Th. Heath, New York 1953.

2) MÉDICOS: *Corpus medicorum graecorum,* Bibliotheca teubneriana, Leipzig; *Der Arzt im Altertum,* griech u. latein. Quellenstücke von W. Mueri, München 1938; MAX WELLMAN, *Fragment-sammlung der griechischen Aerzte,* Berlín, 1901 ss. *Oeuvres complètes d'Hippocrate,* ed. E. Littré, 10 vols. París 1839-61. *Die Werke des Hippokrates,* Stuttgart, Hippokratische Verlag; *The genuine works of Hippocrates* by F. Adams, London 1939; *Hippocrate, L'ancienne médécine,* trad. comm. de A. J. Festugière, Paris, Klinksiek, 1948; *Hippocrates. The medical works,* ed. by Chadwick and Mann, Oxford, Blackwell 1950; *The hippocratic Oath,* text. transl. a. interpr. by L. Edelstein, Baltimore, Hopkins, 1943; *Die anatomische Schriften in der hippokratischen Sammlung,* übers. u. erl. von Kapferer. Fingerle u. Lommer, Stuttgart. Hippokrat. Verlag, 1951; HIPPOKRATES, *Fünf ausg. Schriften* von W. Capelle, Zürich, Artemis Verl., 1955; *On intercourse and pregnancy,* an engl. Transl. by Ellinger, New York, Schumann, 1952.
   Vergess. Fragmente der peripat. DIOKLES *von Karystos,* hrsg. von W. JAEGER, Berlin, de Gruyter 1938.

GALENO: *Die Werke des Galenos,* übers. u. erl., Stuttgart, Hippokrates Verl. 1939 ss.; *Obras de Galeno,* trad. por Lafont y Moreno, La Plata, Univers. Nac. 1947; *On the medical experience,* arabic version, transl. a. notes by R. Walzer, Oxford, Univ. Press, 1944; *A transl. of Galen's hygiene* by Green, Springfield III., 1951; *Galeni in Hippocratis Epidemiarum libros,* ed. Wenkebach u. Pfaff, Leipzig, Teubner, 1940; *idem* en *Corpus medicorum graecorum,* Berlín, Akad. Verlag 1955; GALENOS *Werke,* übers. u. erl., Stuttgart, Hippokrates Verl. (en curso); GALENI, *Adversus Lycum et adv. Julianum,* Corpus medicorum graecorum, Berlin, Akad. Verlag 1952.
The medical writings of ANONYMUS *Londinensis,* ed. a. transl. by W. H. Jones, Cambridge, Univ. Press 1947.

IV. Literatura moderna histórico-crítica

A) OBRAS GENERALES DE HISTORIA DE LA FILOSOFÍA:

1) Sobre toda la historia de la filosofía:
Fundamental para la bibliografía sistemática: Fr. UEBERWEG, *Grundriss der Geschichte der Philosophie* (reelabor. por PRAECHTER, GEYER, FRIESCHEISEN-KOEHLER *u.* MOOG, OESTERREICH) en 5 tomos, 12ª ed. Berlín, 1923-28; en preparación una nueva edición puesta al día, Basel, Verlag Schwabe.
HEGEL, *Vorlesungen über d. Gesch. der Philosophie,* Berlín 1840-48 (trad. ital. Firenze, La Nuova Italia); WUNDT, OLDENBERG, GOLZIHER, GRUBE, INOUYE, VON ARNIM, BAEUMKER, WINDELBAND, *Allgemeine Geschichte der Philosophie,* en "Die Kultur der Gegenwart", Berlin-Leipzig 1913, 2 Aufl.; W. WINDELBAND, *Lehrbuch der Gesch. der Philos.,* X ed. Tübingen 1921 (Trad, italiana, Palermo Sandron; trad. castellana, México); G. DE RUGGIERO, *Storia della filosofia,* Bari, Laterza (14 volumi); E. P. LAMANNA, *Storia della filosofia,* Firenze, Le Monnier (trad. castellana en curso: Buenos Aires, Hachette); E. BREHIER, *Histoire de la philosophie,* Paris, Alcan (trad. castellana, Buenos Aires, ed. Sudamerica-

na); A. GERCKE u. L. HOFFMANN, *Lehrbuch der Geschichte der Philosophie*, 3a. ed., Leipzig, 1932; K. VORLAENDER, *Geschichte der Philosophie*. IX Aufl., Hamburg, 1949; B. RUSSELL, *A history of Western Philosophy*, 2 ed., London, 1949 (trad. franc., París, 1953); N. ABBAGNANO, *Storia della filosofia*, Torino, Utet, 1946-50; A. RIVAUD, *Histoire de la philosophie*, Paris Press. univ., 1948; J HIRSCHBERGER, *Geschichte der Philosophie*, 2 Aufl., Freiburg, Herder, 1954; A. BAUMGARTEN, *Die Gesch. d. abendland. Philos.*, Genève, Basel, 1945; B. A. G. FULLER, *History of philosophy*, New York 1945 (2 vols.); F. COPLESTON, *A history of philosophy*, London 1946; U. A. PADOVANI, *Storia della filosofia*, Milano, Garzanti 1950 ss.; K. SCHILLING, *Geschichte der Philosophie* München-Basel, 1951 ss.; V. FERM, *A history of philosophical systems*, New York, 1950; W. T. JONES, *A hist. of Western Philosophy*, New York 1952; W. CAPELLE, *Geschichte der Philos.*; 2 Aufl., Berlin, 1953; W. DILTHEY, *Historia de la filosofía*, con bibliogr. de E. Imaz, México, Fondo de Cult. Econ., 1951; F. P. THIILY, *A history of Philos.*, London 1952; S. RADHAKRISHNAN *et alii*, *History of philos. eastern a. western*, London, 1953; Fr. HEER, *Europäische Geistesgeschichte*, Stuttgart, 1953.

2) Sobre la historia de particulares problemas, sistemas y ciencias; K. PRANTL, *Geschichte der Logik in Abendlande*, Leipzig, 1855-70, 2 Aufl. Darmstadt, 1955, trad. italiana, Firenze, La Nuova Italia); E. CASSIRER, *Geschichte der Erkenntnisproblem*, Berlin, 1911; M. LOSACCO, *Storia della dialettica*, Firenze, Olschki; E. VON HARTMANN, *Geschichte der Metaphysik*, Leipzig, 1899-900; O. WILLMANN, *Geschichte der Idealismus*, Braunschweig

1907 ss; F. A. LANGE, *Geschichte des Materialismus*, X Aufl., Leipzig 1921 (trad. francesa); R. EISLER, *Geschichte des Monismus*, Leipzig 1910; A. PASTORE, *Il problema della causalità*, Torino, Bocca; K. LASSWITZ; *Geschichte d. Atomistik*, 2 Aufl., 1926; H. SIEBECK, *Geschichte der Psychologie*, 1880-84; O. DITTRICH, *Geschichte der Ethik*, Leipzig, 1923; P. JANET, *Histoire de la science politique*, Paris, Alcan; A. SCHMEKEL, *Die positive Philosophie in ihr. Entwicklung*, Berlin, 1938 ss., J. L. COOLIDGE, *A history of geometrical methods*, Oxford, 1940; A. MOEBIUS, *Geschichte d. Botanik*, Jena, 1937; SEDWICK-TYLER-BIGELOW, *A short history of science;* GILBERT a. KUHN, *A history of aesthetics*, London 1940; E. GILSON, *God and philosophy*, New Haven 1941; W. ELLIS, *The idea of soul in western philosophy and science*, London, 1940; W. C. DAMPIER, *A history of science a. its relations with philosophy*, 4 ed., Cambridge Univ. Pr. 1949 (trad. franc., alemana, italiana); H. BARTH, *Philosophie der Erscheinung. Eine Problemgeschichte*, Basel, 1947 ss.; J. BOWLE, *Western political thought*, Oxford Univ. Press, 1948; Ph. DOYLE, *A history of political thought*, London 1949; A. SERTILLANGE, *Le problème du mal. Histoire*, Paris, 1949; Ch. RENOUVIER, *Historia y soluciones de los problemas metafísicos* (trad. del francés), Buenos Aires, 1950; P. SANDON, *Histoire de la dialectique*, París, Nagel, 1947; F. ALBERGAMO, *Storia della logica delle scienze esatte*, Bari, Laterza, 1947; E. BRÉHIER, *Science et humanisme*, París, Michel 1947; A. CASTIGLIONI, *Storia della medicina*, Verona, Mondadori 1948; P. DIEPGEN, *Geschichte der Medizin*, Berlin, de Gruyter 1949 ss.; G. H. SABINE, *A history of political theory*, New York, Holt, 1950 (trad. ital. Milano, Comunità, 1953); R. STANKA, *Gesch. d. politischen Philosophie*,

Wien, Sexl, 1951 ss.; L. A. BROWN, *The Story of maps*, Boston 1949; F. DIEPGEN, *Getgch. der Medizin*, Berlin, de Gruyter 1949 ss.; H. DUGAS, *Hist. de la mécanique*, Neuchâtel, ed. du Griffon; G. LORIA, *Storia delle matematiche*, 2 ed., Milano, Hoepli, 1950; H. E. SIGERIST, *A hist. of medicine*, New York-Oxford Univ. Pr. 1951 ss.; Ch. SINGER, *A history of biology*, New York, Schumann, 1950; G. CATLIN, *A hist. of the political philos.*, London 1951; J. L. DREVER, *A history of Astronomy*, 2 ed., New York, 1953; BANFI, DALPRA, PRETI, ROSSI, *Problemi di storiografia filosofica*, Milano, Bocca, 1951; R. MONDOLFO, *Problemi e metodi della ricerca in Storia della filosofia*, Firenze, 1952 (ed. castellana, Tucumán 1949); *Verità e Storia. Dibattito sul metodo della Storia della filosofia* (por varios autores), Arethusa, 1955; V. de MAGALHÁES VILHENA, *Filosofia e historia*, Lisboa, Cosmos, 1956; E. de BRUYNE, *Geschiedenis van de aesthetica*, Antwerpen, 1952-54; A. SZABÓ, *Zur Geschichte der Dialektik des Denkens*, Antika Acad. Húngara 1953; G. ABETTI, *The history of astronomy* (trad.), New York 1952; D. GUTHRIE, *A history of medicine*, Philadelphia 1946; W. E. SIGERIST, *Primitive and archaic medicine*, Oxford Univ. Press 1951; L. STRAUSS, *Natural right and history*, Chicago 1953 (trad. franc. París 1954).

B) OBRAS GENERALES DE HISTORIA DE LA FILOSOFÍA GRECO-ROMANA:

1) Historias de la filosofía antigua en conjunto: UEBERWEG-PRAECHTER, *Die Philosophie des Altertum* (vol. I del *Grundriss* de Ueberweg citado arriba); E. ZE-

LLER, *Die Philosophie der Griechen* en 6 tomos, Leipzig 1920-23 con agregados de LORTZING, NESTLE y otros; en curso de publicación una edición italiana puesta al día bajo la dirección de R. MONDOLFO, quien recopiló los dos primeros tomos, Firenze, La Nuova Italia 1932 ss. Del *Grundriss* del mismo ZELLER, trad. ital. de V. Santoli, Firenze, Vallecchi; Th. GOMPERZ. *Griechische Denker,* Wien 1903-09; trad. francesa (Paris 1904-10) italiana (Firenze, N. Italia, 1933 ss.), castellana (Buenos Aires, Guarania); J. BURNET, *Greek Philosophy, Thales to Plato*, 3ª ed., London, 1920; DOERING, *Geschichte der griech. Philos.*, 2 vols., Leipzig 1903; A. W. BENN, *The greek philosophers,* London, 1914; K. JOEL, *Gesch. der antiken Philosophie,* Tübingen, 1921 ss.; L. ROBIN, *La pensée grecque,* París 1923 (trad. ital., Torino, 1951); P. M. SCHUHL, *Essai sur la formation de la pensée grecque*, París 1934 y 1949; E. BIGNONE, *Studî sul pensiero antico,* Napoli, 1938; W. JAEGER, *Paideia, Die Formung der griech. Mensch,* I-III, Berlin de Gruyter (ed. inglesa Oxford, 1939 ss.; ed. italiana, La Nuova Italia; ed. castellana México, Fondo Cult. Econ.); W. KRANZ, *Die griechische Philosophie,* Leipzig 1941 y Wiesbaden 1950; W. NESTLE, *Vom Mythos zum Logos. Die Selbstentfaltung der griech. Denkens von Homer bis auf die Sophistik u. Sokrates,* Stuttgart 1940; L. ROBIN, *La pensée hellénique des origines à Epicure. Questions de méthode, de critique et d'histoire,* Paris, 1942 y 1947, W. KRANZ, *Die Kultur dei Griechen,* Leipzig 1943; E. BUONAIUTI, *I maestri della tradizione mediterranea,* Roma 1945; A. ARMSTRONG, *An introd. to ancient Philosophy,* London 1947; FRANKFORT, WILSON, etc., *The intellectual adventure of ancient man,* Chicago, Univ. Press,

1946; W. NESTLE, *Griechische Geistgeschichte,* Stuttgart 1946 y *Griechische Weltanschauung,* Stuttgart 1946; B. SNELL, *Die Entdeckung des Geistes,* Hamburg 1947 y Oxford 1953 (trad. inglesa); G. NABEL, *Griechischer Ursprung* (Platon, Epikur Stoa), Wuppertal, 1948; C. MAZZANTINI, *Storia del pensiero antico,* Torino, Marietti, 1949; Ch. WERNER, *La philosophie grecque,* París, 1948; G. COLLI, *Studî sulla filos. greca,* Milano, 1948; G. FANO, *Teosofia orientale e filos. greca,* Firenze, 1949; Ch. MOELLER, *Sagesse grecque et paradoxe chrétien,* Tournai, 1948; W. NESTLE, *Griechische Geistgeschichte von Homer bis Lukian,* Stuttgart, 1944; W. K. GUTHRIE, *The greek Philosophers from Thales to Aristoteles,* London-N. York, 1950; E. HOFFMANN, *Griech. philos. bis Platon,* 2 Aufl., Heidelberg, 1950; A. LEVI. *Storia della filosofia romana,* Firenze, Sansoni, 1949; *Studî di filosofia greca in onore di R. Mondolfo,* a cura di ALFIERI e UNTERSTEINER, Bari, Laterza, 1950; W. NESTLE, *Griechische Studien,* Stuttgart, 1948; F. MAYER, *History of ancient a. medieval Philosophy,* New York, 1950; M. POHLENZ, *Gestalten aus Hellas,* München, 1950; M. DAL PRA, *La storiografia filosofica antica,* Milano, Bocca 1950; E. PACI, *Studî di filosofia antica e moderna,* Torino, Paravia 1950; G. GALLI, *Due studi di filos. greca,* Torino, Gheroni, 1950; R. B. ONIANS, *The origin of European Thought,* Cambridge, Univ. Press 1952; N. O. SAFFREY, *Bulletin d'hist. de la philosophie. Philos. antique,* Rev. sciences philos. et théol., Paris, 1953; G. CIRBONARA, *La filosofia greca.* Napoli 1953. W. JAEGER, *Die Entwickl. d. Studium der griech. Philos.,* Ztschr. f. Philos, Forsch., 1951-52; W. CAPELLE, *Die griech. Philosophie,* Berlin, de Gruyter 1954; E. BRÉHIER, *Études de philos.*

antique, Paris Press. Univ. 1955; J. CHEVALIER, *Hist. de la pensée; I. la pensée antique,* Paris, 1955; D. GALLI, *Il pensiero greco,* Padova, Cedam 1954.

2) Historias de la filosofía antigua compuestas mediante textos selectos de las fuentes: RITTER *u.* PRELLER, *Historia philos. graecae et romanae ex fontium locis contexta,* IX ed., Gothae 1913; W. NESTLE, *Die Vorsokratiker in Auswahl, Die Sokratiker i. Ausw., Die Nachsokrat. i. Ausw.,* Jena 1922-23; R. MONDOLFO, *Il pensiero antico,* Roma 1929 y Firenze 1950 (ed. castellanas, Bs. Aires, Losada, 1942, 1945, 1952 y 1958); C. J. DE VOGEL, *Greek Philosophy. A collection of text selected,* Leiden, 1950 ss.; U. PADOVANI e A. M. MOSCHETTI, *Grande Antologia filosofica.* I e II *Il pensiero classico,* Milano, Marzorati 1954.

3) Sobre problemas, sistemas y ciencias particulares:
a) problemas metafísicos: J. STENZEL, *Die Metaphysik d. Altertum,* München 1931; E. CAIRD, *The evolution of theology in the Greek philosophers,* Glasgow, 1904, DREWS, *Geschichte des Monismus im Altertum,* Heidelberg, 1923; Ch. BAEUMKER, *Das Problem d. Materie in d. griech. Philos.,* München 1890; A. RIVAUD, *Le problème du devenir et la notion de la matière dans la philos. grecque,* Paris 1906; A. COVOTTI, *Le teorie dello spazio e del tempo nella filos. greca fino ad Aristotele,* Pisa 1897; R. MONDOLFO, *L'infinito nel pensiero dei Greci,* Firenze, 1934 y 1956 y ed. castellana con el título de *El infinito en el pensamiento de la antigüedad clásica,* Buenos Aires, 1952); *Problemi del pensiero antico,* Bologna, 1936; *En los orígenes de la filosofía de la cultura,* Bs. Aires, 1943 y Bologna, 1956; *El genio helénico,* Tucumán, 1943 y Bs. Aires, 1956; J. MOGEAU,

L'âme du monde de Platon aux Stoïciens, París, Belles Lettr., 1939; E. CASSIRER, *Logos, Dike, Kosmos in d. Entwickl. der Griech. Philos.,* Göterborg 1941; R. GODEL, *Recherche d'une foi: l'evol. de la pensée grecque,* París, Belles Lettres 1940; D. AMAND, *Fatalisme et liberté dans l'antiquité grecque,* Louvain (Univers.) 1945; W. C. GREENE, *Moira, fate, good a. evil in Greek thought,* Cambridge Mass. (Harvard Univ.), 1944; F. HEINIMANN, *Nomos und physis,* Basel 1945; A. SERTILLANGE, *Le problème du mal. Histoire,* París, 1949; J. F. CALLAHAN, *Four views of time in ancient Philosophy,* Cambridge Mass. (Harvard Univ.) 1948; H. L. R. FINCH, *The greek idea of limitation.* Diss. Columbia Univ. 1951; B. NARDI, *Soggetto e oggetto del conoscere nella filos. antica e mediev.,* Roma, 1951; R. B. ONIANS, *The origin of European thought about the body, the mind, the soul, the world, time a. fate,* Cambridge Univ. Press, 1951; F. M. CORNFORD, *The unwritten Philosophy,* y *Principium sapientiae,* ed. by Guthrie, Cambridge Univ. Pr. 1950; E. FRANK, *Wissen, Wollen, Glauben., Gesammelte Aufsätze* (alemán e inglés), Zürich, Artemis Verl. 1955.

b) concepciones del universo: P. DUHEM, *Le système du monde, I. La cosmologie hellénique,* París, 1913; Fr. BOLL. *Studien Z. Gesch. d. antiken Weltbildes u. griech. Wissenschaft,* 6 vols., 1914-21; Th. HEATH, *Aristarchus of Samos, a history of greek astronomy,* Oxford 1913; SCHIAPARELLI, *Scritti sulla storia dell' astronomia antica,* Bologna 1925-27; M. WUNDT, *Griechische Weltanschauung,* 3 Aufl., Leipzig, 1929; K. JOEL, *Wandlungen der Weltanschauung,* Tübingen 1928-29; W. A. HEIDEL, *The frame of the ancient greek maps,*

New York, 1939; P. GORDON, *L'image du monde dans l'antiquité*, Paris 1949; H. MEYER, *Die Weltanschauung des Altertums*, 2 Aufl., Paderborn 1953; Ch. MUGLER, *Deux thèmes de la cosmologie grecque: devenir cyclique et pluralité des mondes*, Paris 1953; J. BAYET, *Science cosmique et sagesse dans la philosophie antique*, Diogenes 1954; J. MOREAU, *L'idée d'univers dans la pensée antique*, Giorn. di metafisica, Torino, 1953.

c) concepciones religiosas: WILAMOWITZ MOELLENDORFF; D. *Glaube der Hellenen*, Berlin, 1932; O. KERN, *Die Religion der Griechen*, Berlin 1935; *Orpheus*, Berlin 1920 y *Die griechische Mysterien*, Berlin 1927 (trad. itàl. Catania 1932); E. ROHDE, *Psyché*, X ed. Tübingen, 1925 (trad. ital., Bari, Laterza; trad. franc., París, Payot); R. PETTAZZONI, *La religione della Grecia antica*, Bologna 1920 y 1956 e *I misteri*, Bologna 1924; GERNET et BOULANGER, *Le génie grec dans la réligion*, París, Les Belles lettres; P. BOYANCE, *Le culte des Muses chez les philosophes grecs*, París, 1937; G. VERBEKE, *L'évolution de la doctrine du pneuma du stoïcisme à St. Augustin*, Louvain, 1945; W. JAEGER, *The Theology of the early greek philosophers*, Oxford 1947 (trad. castellana, Fondo de Cult. Econ., México); L. MOULINIER, *Le pur et l'impur dans la pensée des grecs*, París 1952.

d) concepciones del hombre, de la vida, la ética, la política y la educación: H. GOMPERZ, *Die Lebensauffassungen d. griech. Philosophen*, Jena, 1915; T. ZIEGLER, *Gesch. d. Ethik. I Die Ethik d. Griech. u. Römer*, 1881; M. WUNDT, *Gesch. d. griech. Ethik*, Leipzig, 1908 y 1911; H. VON ARNIM, *Die politische Theorien d. Altertum*, Wien 1910; G. MODUGNO, *Il concetto della vita nei filosofi greci,* Bitonto 1907; E, SIGALL, *Der Wert des Lebens im Lichte d. ant. Philos.,* Czernowicz 1907; A. TILGHER, *La visione greca della vita,* Bilychnis 1922; W. JAEGER, *Ueb. Ursprung u. Kreislauf d. philosoph. Lebensideal,* Preuss. Akad. Wiss. 1928; M. MARQUARD, *D. pessimist. Lebensauffass. d. Altertum,* Erlangen, 1903; W. NESTLE, *Der Pessimismus u. s. Ueberwind, bei d. Griechen,* Neue Jahrb., 1921; H. DIELS, *Der antike Pessimismus,* Berlín 1921; W. CAPELLE, *Ascetism en Encycl. of Relig. a. Ethics* de Hastings; Fr. BOLL, *Vita contemplativa,* Heidelberg. Akad., 1920; M. POHLENZ, *Staatsgedanke u. Staatslehre d. Griechen,* Leipzig, 1923; A. BILL, *La morale et la loi dans la philosophie grecque,* París 1929; A. BECCARI, *Il pensiero politico classico,* Milano 1949; L. ROBIN, *La morale antique,* París 1938 y 1947 (trad. castellana Buenos Aires 1947); A. VERDROSS DROSSBERG, *Grundlinien der antiken Rechts - u. Staatsphilosophie,* Wien 1946 y 1948; H. CAIRNS, *Legal philosophy from Plato to Hegel,* Baltimore, 1949; B. FARRINGTON, *Head and hand in ancient Greece,* London, 1947; L. STEFANINI, *Umanesimo ellenico,* (en "Umanesimo e mondo precristiano), Roma, Studium Christi 1950; G. FUNAIOLI, *La conquista dell'individuo nel mondo antico,* Berlín, Akad. Verlag 1950; G. TINIVELLA, *La libertà e il destino nell'antichità greca,* Bologna, Zuffi 1950; E. SCHWARTZ, *Ethik der Griechen,* Stuttgart 1951; M. POHLENZ, *Der hellenische Mensch,* Göttingen 1947; T. A. SINCLAIR, *A history of Greek political Thought,* London 1951 (trad. franc. 1953); K. FREEMAN, *God, man and state. Greek concepts,* Boston 1952; A. GRI-

LLI, *I problemi della vita contemplativa nel mondo greco-romano*, Milano 1953; W. JAEGER, *Die Anfänge d. Rechtsphilos. u. die Griechen*, Zeitschrift f. philos. Forsch. 1948-49; R. STANKA, *Die polit. Philosophie d. Altert*, Wien. 1951; E. WOLF, *Griech. Rechtsdenken;* Frankfurt, 1950 y ss.; W. NESTLE, *Griech. Lebensweisheit u. Lebenskunst*, Stuttgart 1949; R. MONDOLFO, *La comprensión del sujeto humano en la cultura antigua*, Buenos Aires, 1955 y Firenze, 1958.

e) sobre la ciencia griega: ENRIQUES e SANTILLANA, *Storia del pensiero scientifico. I L'antichità*, Milano 1932; MIELI et BRUNET, *Histoire des sciences, Antiquité*, París 1935; MILHAUD, *Leçons sur l'origine de la science grecque*, París 1893; *Les philosophes géomètres de la Grèce*, París 1900; *Nouvelles études*, París 1911; P. TANNERY, *Pour l'hist. de la science hellène*, 2 ed. París 1930; *Mémoires scientifiques*, Toulouse 1911-1929 y París 1950; A. REY, *La science dans l'antiquité*, 5 vols. (el I: *La jeunesse de la science grecque*), Paris 1933-48; W. A. HEIDEL, *The heroic age of science*, Baltimore, 1933 (trad. castellana de A. Mondolfo, Buenos Aires 1946); G. LORIA, *Le scienze esatte nell'antica Grecia*, 2 ed., Milano 1914; Th. HEATH, *History of mathematics*, 2 vols., Oxford 1921; B. FARRINGTON, *Greek science, its meaning for us*, 2 vol., Pelikan Books, 1944-49 (traducción castellana, Buenos Aires, Hachette, 1958); *Science and politics in the ancient world*, London 1939; J. SCHUMACHER, *Antike Medizin*, Berlín, de Gruyter, 1940 ss.; W. H. S. JONES, *Philosophy and medicine in ancient Greece*, Baltimore, 1946; L. GORDON, *Medicine throughout antiquity*, Philadelphia 1949; S. F. LURIA, *Investigaciones sobre la historia de la ciencia antigua* (en ruso), Moscú y Leningrado 1947; REIDEMEISTER, *Die exakte Denken der Griechen*, Hamburg 1949; P. H. MICHEL, *De Pythagore à Euclide*, París, Belles Lettres 1950; FRANZ BOLL, *Kleine Schriften zur Sternkunde des Altert.*, Leipzig, 1950; R. BACCOU, *Hist. de la science grecque de Thalès à Socrate*, París, Aubier 1951; J. O. THOMSON, *History of ancient geography*, Cambridge Univ. Pr. 1948; M. R. COHEN and. J. E. DRABEIN, *A source book in Greek science*, New York 1948; G. SARTON, *A history of science. Ancient science though the golden age of Greece*, Cambridge Mass., Harvard Univ., 1953, A. FRAIESE, *La matematica nel mondo antico*, Roma, Studium. 1951; O. NEUGEBAUER, *The exact sciences in antiquity*, Princeton Univ. Pr. 1952; J. DÍAZ GONZÁLEZ, *Historia de la medicina en la antigüedad*, Barcelona 1951; P. G. PANAGIOTAKOS, *Hoi Hellenes Asklepiadai*, Athenes 1953.

C) PRESOCRÁTICOS:

1) OBRAS GENERALES: F. NIETZSCHE, *Die Philos. in trag. Zeitalter d. Griechen*, 1872-73; P. TANNERY, *Pour l'hist. de la science hellène*, París 1887 y 1930; J. BURNET, *Early greek philosophy* 1892, 4 ed. 1945 (trad. franc., *L'aurore de la philos. grecque*, de la 2 ed.); W. A. HEIDEL, *The probl. of alloiosis in presocrat. Philos.*, Amer. philol. Ass., 1900; *The logic of the presocr. philos.* (en DEWEY, *Studies on logical theories*, Chicago, 1903); K. JOËL, *Der Ursprung d. Naturphilos. aus d. Geiste d. Mystik*, Jena 1903; (3 Aufl., 1926); A. COVOTTI, *La filos. nella M.*

Grecia fino a Socrate, Pisa 1901, e *I presocratici,* Napoli, 1934; W. A. HEIDEL, *Qualit, change in presocr. philos.,* Arch. Gesch. Philos. 1908, *Peri physeos,* Amer. Acad Arts Sciences, 1910, *On certain frgs. of the Presocrat.,* ibid. 1913; A. LEVI, *Il concetto del tempo nella filos. greca fino a Platone,* Torino 1919; A. LECLÈRE, *La philos. grecque avant Socrate,* París 1908; A. W. BENN, *Early Greek Philosophy,* London 1908; A. DIES, *Le cycle mystique,* París 1909; N. TURCHI, *La dottr. del logos nei presocratici,* Riv. delle scienze Teol., Roma, 1910; K. GOEBEL, *Die Vorsokr. Philos.,* Bonn 1910; A. MIELI, *Le scuole ionica, pythagorica, eleata,* Firenze 1916; K. REINHARDT, *Parmenides u. d. Gesch. d. griech. Philos.,* Bonn 1916; G. KAFKA, *Die Vorsokratiker,* München, 1921; A. FAURE, *L'Egypte et les présocratiques,* París 1923; K. VORLAENDER, *Die Griech. Denker Vor Sokrates,* Leipzig 1924; E. HOFFMANN, *Kulturphilos. bei d. Vorsokr.,* N. Jahrb. f. Wiss. u. Jug., 1929; E. LOEW, *Die Vorsokr. üb. Veränd. Wahrheit u. Erkenntnismöglichkeit,* Rhein. Mus. 1932; A. REY, *La jeunesse de la science grecque,* París 1933; A. DELATTE, *Les conceptions de l'enthousiasme chez les philos présocrat.,* L'antiq. class. 1934; P. M. SCHUHL, *Ess. sur la form. de la pensée grecque,* París, 1934 y 1949; P. GUÉRIN, *L'idée de justice dans la concept. de l'univ. chez les prem. philos. grecs,* París, 1934; H. CHERNISS, *Aristotle's criticism of Presocrat. Philos.,* Baltimore, 1935; R. MONDOLFO, *Probl. del pens. antico,* Bologna, 1936; A. TESTA, *I presocratici,* Roma, 1938; M. GENTILE, *La metaf. presofist.,* Padova, 1939; W. NESTLE, *Vom Mythos zum Logos,* Stuttgart, 1940 y 1942; O. BECKER, *Das Bild des Weges. im: frühgriech Denken,* Berlín, 1937; W. KRANZ, *Kosmos Mensch in d. Vorstell. frühes Griechentums,* Göttingen, 1938; O. GIGON, *Der Ursprung d. griech. Philos. von Hesiod bis Parmenides*, Basel, 1945; P. ROTTA, *I presocratici*, Brescia, 1945; K. VON FRITZ, *Nous, noein a. their derivat. in presocrat. Philos*, Class Philol. 1945-46; K. FREEMAN, *The presocratic Philosophers*, Oxford, 1946; E. HOFFMANN. *Die Vorsokr. in ant. Tradition*, Zeitschr. f. philos., Forsch, 1946-47; W. JAEGER, *The Theology of the early, greek philosophers*, Oxford, 1947 (trad. cast., México); G. VLASTOS, *Equality a. Justice in early greek cosmologies*, Class, phil., 1947; W. H. S. JONES, *Philos. a. medic. in ancient Greece*, Baltimore, 1946; H. CHERNISS, *The characteristics a. effects of presocrat. philos.*, Journ. hist. ideas, 1951; R. BACCOU, *Hist. de la science grecque de Thalès à Socrate*, Paris, 1951; H. FRAENKEL, *Dichtung u. Philos. d. frühen Griechentums*, New York, Amer. Phil. Ass., 1951; J. B. MC DIARMID, *Theophrastus on the presocratic causes*, Harv. Studies in class. Phil., Cambridge Mass, 1953; E. L. MINAR, *A survey on recent works in presocratic philosophy*, Class. Weekly, 1954; K. AXELOS, *Pourquoi étudions nous les présocratiques?*, Riv. crit. storia filos., 1953; O. GIGON, *Die Theologie der Vorsokr.*, Entret. sur. l'antiq. class., Génève, 1954; F. de RAEDERMAEKER, *Die Philos. d. voorsokrat.*, Antwerpen, 1953; G. GALLI, *Da Talete al Menone di Platone*, Torino, 1956; H. FRAENKEL, *Wege u. Formen frühgriech. Denk.*, München, 1955; G. D. THOMSON, *Studies in ancient greek Society. The first philosophers*, London, 1955; KIRK a. RAVEN, *The presocratic philosophers*, Cambridge, Univ. Press, 1957.

2) ORFISMO: C. KERN, *De Orphei, Epimenidis, Pherecydis Theogoniis*, 1888; *Theogoniae orphicae fragm. nova*, Hermes, 1888; *Orpheus*, Berlin, 1920; O. GRUPPE,

Griech, Kulten u. Mythen, 1887. *Orpheus y Phanes* en ROSCHERS, *Lexikon* y *Handbuch d. griech. Mythologie;* DUEMMLER, *Zu orph. Kosmogonie,* Arch. Gesch. Philos, 1894; HOLWERDA, *De Theog. orphica,* Mnemosyne, 1894; P. TANNERY, *Sur la prém. théog. orphique,* Arch. Gesch. d. Philos., 1898; A. M. PIZZAGALLI, *Mito e poesia nella Grecia antica,* Catania, 1913; R. EISLER, *Religionsgesch. Untersuch.,* München, 1910; A. OLIVIERI, *Civiltá greca nell'Italia meridionale,* Napoli, 1931; G. VILLA, *La teogonia orfica e le sue fonti,* Milano, 1920; C. PACAL, *Le credenze d'oltretomba nelle opere dell' antich. classica.* Torino, 1923-24; R. EISLER, *Orphich-Dionys. Mysteriengedanken;* Leipzig, 1925; V. MACCHIORIO, *Zagreus,* Firenze, 1930; R. MONDOLFO, *Intorno al contenuto dell'antica teogonia orfica,* Riv. di filol. class., 1931; G. RATHMANN, *Quaestiones Pythagoreae, orphicae, Empedocleae,* Diss. Halis Sax. 1933; A. KRUEGER, *Quaest. orphicae,* Diss. Halis Sax., 1934; W. K. C. GUTHRIE, *Orpheus a. greek religion,* London, 1935; K. KERENYI, *Pythagoras u. Orpheus,* Berlín, 1938; *Die orphische Kosmog. u. der Ursprung der Orphik,* 1941; J. COMAN, *Orphée civilisateur de l'humanité,* París, Geuthner, 1939; J. M. LINFORTH, *The arts of Orpheus,* Berkeley, Univ. Calif., 1941; G. FAGGIN, *Inni orfici,* Firenze, 1949; M. N. DURIC, *Orphismus und hellen. Philos.,* 1952; F. BOEHME, *Orpheus, Das Alter d. Katharoden,* Berlín, Weidmann, 1953; L. MOULINIER, *Orphée et l'orphisme à l'époque classique,* París, Belles Lettr., 1955.

3) ESCUELA JÓNICA: GANSZNIEC, *Die biolog. Grundl. d. ionischen Philos.,* Arch. Gesch. Naturwiss, 1920; R. LENOIR, *La doctrine des 4 élém. et la philos. ionienne,* Rev. étud. grecq., 1927; O. GILBERT, *Jonien nd Eleaten,*

Rhein. Mus 64; G. CARLOTTI, *Storia crit. della filos. antica: I La scuola ionica,* Firenze, 1931; E. A. HAVELOCK, *The milesiam philosophers,* Amer. Philol. Ass., 1932; A. MADDALENA, *Sulla cosmol. ionica da Talete a Eraclito,* Padova, 1940; G. RUDBERG, *Biologie u. Urgeb. in ionischen Denken,* Berlin, de Gruyter, 1938; S. BOYANOV, *La escuela jónica y los orígenes de la ciencia* (en búlgaro), Anales Univ. Sofia, 1949-50; J. CROISSANT, *Matière et changem. dans la physique ionienne,* Antiq. class., 1944.
a) THALES: H. DIELS, *Thales ein Semite?,* Arch. Gesch. Philos., 1889; CHIAPPELLI, *Gli elementi egizi nella cosmog. di Talete,* Soc. Reale. Napoli, 1905; DOERING, *Thales,* Zeitschr. f. Philos., 1909; AMELINEAU, *La cosmog. de Thalès et les doctr. de l'Egypte,* Annales Guimet, París, 1910; R. MONDOLFO, *La genesi e i probl. della cosmol. di Talete,* Riv. di filos., 1935; A. MADDALENA, *L'antitesi di Talete,* Accad. di Padova, 1937; A. FELDMAN, *Though on Thales,* Class. Journ., 1945-46; B. SNELL, *Die Nachr, über die Lehren des Thales,* Philol., 1944; S. OSWIECIMSKI, *Thales, the ancient ideal of a scientist,* Charisteria Sinko, Varsovia, 1951; L. ALFONSI, *Talete e l'egizio,* Riv. filol. e istr. class., 1950;
b) ANAXIMANDRO: H. DIELS, *Anaximandros von Milet,* N. Jahrb. f. Klass. Alt., 1923; Ueb. *Anaximand. Kosmos* Arch. Gesch. Philos., 1897; W. A. HEIDEL, *On Anaximander,* Class. Phil., 1912, y *Anaximanders book,* Proc. Amer. Acad., 1921; R. MONDOLFO, *Probl. cosm. e probl. umano nella form. della filos. greca (Problemi del pens. ant.,* Bologna, 1936); MADDALENA, *Anassimandro e l'infinito come simultaneitá,* Istit. Veneto, 1937; K. DEICHGRAEBER, *Anaximander von Milet,* Hermes, 1940; F. DIRLMEIER, *Nochmals Ana-*

ximander, Hermes, 1940; H. ERHARD, *War Anax. Deszendenztheoretiker?* Arch. Gesch. Mediz, 1940; R. ALLERS, *Microcosmos from Anaxim. to Paracelsus*, Traditio, 1944; M. POPLAWSKI, *Anaximander*; Eos, 1940-46; W. KRANZ, *Das Wesen d. Unendl. bei Anaxim.* Rhein, Mus., 1950; E. WOLF, *Der Urspr. d. Abend Rechtsged. b. Anaxim. u. Heraklit*, Symposium, 1948, *Dike bei Anaxim. u. Parmenides* (Griechisches Rechtsdenken I); F. SOLMSEN, *Chaos u. Apeiron*, Studî ital. filol. class., 1950; G. B. BURD, *Anax. the first metaph.*, Rev. of Metaph., 1949; K. REICH, *Anax. u. Parmen.*, Marburg, 1950-51; M. HEIDEGGER, *Der Spruch d. Anaxim.*, Frankfurt 1950; P. CHIODI, *Heidegger e Anassimandro*, Riv. St. filos., 1952; U. HOELSCHER, *Anaxim. u. d. Anf. der Philos.*, Hermes, 1953; K. YOSHIOKA, *An interpr. of Anaximander*, Congr. intern. de philos., 1950; J. H. LOENEN, *Was Anaxim. an evolutionist?* Mnem., 1954; Cl. RAMNOUX, *Sur quelques interpr. mod. d'Anaxim.*, Rev. met. mor., 1954, T. BALLAUF, *Interpr. zu Thales u. Anax. Philos.*, Tijdschr. voor Philos., 1953; W. J. MATSON, *The naturalism of Anax.*, Rev. of metaph., 1953; G. S. KIRK, *Some probl. in Anaximander*, Class. Quart., 1955;

c) ANAXÍMENES: TANNERY, *Anaximène et l'unité de substance*, Rev. philos., 1883; *Un fragm. d'Anaxim., Une nouv. hypoth. sur Anax.* en *Mém. Scient.*, VII; A. CHIAPPELLI, *Zur Pythag. u. Anaximenes*, Arch. Gesch. d. Philos., 1888; HEIDEL, *The dine in Anaximenes a. Anaximander*, Class. Phil., 1905; R. MONDOLFO, *Anaximenea*, Riv., filol. class., 1935; G. B. KERFERD, *The date of Anaximenes*, Mus. Helvet., 1954.

d) HECATEO: W. A. HEIDEL, *Hecataeus a. the egypt. priests,* Amer. Ac. Art. a Sc., Boston, 1935, *Hecataeus a. Xenophanes,* Amer-Journ. Philol., 1943; R. FERTONANI, *Ecateo di Mil. e il suo razionalismo,* Par. pass., 1952; A. GITTI, *Sul proemio delle Geneal. di Ecateo,* Acc. Lincei, 1952; G. NENCI. *Due nuovi framm. di Ecateo,* Parola pass., 1953; *Hecataei milesii fragmenta,* a cura di G. NENCI, Firenze, N. Italia, 1954; G. TIBILETTI, *Un framm. papiraceo di Ecateo Milesio,* Athenaeum, 1955.
e) DIOGENES DE APOLONIA: NATORP, *Diogenes von Apollonia,* Rhein, Mus., 1886; Diels, *Diog. v. Ap.,* Rh. Mus., 1887; R. MONDOLFO, *Per Diog. d'Apoll.,* Riv. filos., 1936; H. DILLER, *Die philosophische-geschichtl. Stellung d. Diog. v. Apoll.,* Hermes, 1941; V. ERHARD, *Diog. V. Apoll uls biologe,* Arch. Gesch. Mediz. 1942; P. TASCH, *Diogenes of Apoll. and Democritus,* Isis, 1949.
4) ESCUELA PITAGÓRICA: E. CHAIGNET, *Pythagore et la philos. pythag.,* París, 1873; A. COVOTTI, *La filos. nella M. Grecia,* Pisa, 1900; W. A. HEIDEL, *Péras and Apeiron in the pythag. philos.,* Arch. Gesch. Philos., 1909; A. DELATTE, *Etud. sur la littér. pythag.,* París, 1915, *Essai sur la polit. pythag.,* París-Liège, 1922, *La vie de Pythagore,* Bruxelles, 1922; J. LEVY, *Les sources de la légende de Pythag.,* y *Les sources de la leg. de Pyth. de Grèce en Palestine,* Paris, 1927; E. SACHS, *Die fünf Platon. Körper,* Berlín, 1917; E. FRANK, *Plato u. die sogen. Pythagoreer,* Halle a. S. 1923; HASSE u. SCHOLZ, *Die Grundlagenkrisis d. grietch. Mathematik,* Charlottenburg, 1928; A. ROSTAGNI, *Il verbo di Pitagora,* Torino, 1925; A. LEVI, *Sulla metaf. del pitag. antico,* Athena-

eum, 1933; A. OLIVIERI, *Civiltà greca nell'Italia merid.*, Napoli, 1931; A. RIVAUD, *Platon et la polit. pythagor.*, Melanges Glotz, París, 1932; E. CIACERI, *Orfismo e pitag. nei loro rapp. polilico-sociali*, Accad. Archeol., Napoli 1932; HEATH, *Aristarchus of Samos*, Oxford, 1913; SCHIAPARELLI, *Scritti sulla Storia dell'astron. ant.*, Bologna, 1925-27; W. RATHMANN, *Quaest. pythagor. orph. emped.*, Halle, 1933; W. STETTNER, *Die Seelenwanderung bei Griech. u. Röm.*, Stuttgart, 1934; L. BRUNSCHVICG, *Le rôle du pythag. dans l'évol. des idées*, París, 1937; K. KERENYI, *Pythagorás und Orpheus*, Amsterdam 1940 y Zürich, 1950; W. A. HEIDEL, *The Pythagorean a. Greek Mathem.*, Arch. Gesch. Philos., 1940; G. L. ANDRISSI, *Su alcuni punti controv. dell'astron. ant.*, Scientia 1942; A. CAPPARELLI, *La sapienza di Pitagora*, Padova, 1941-44; K. VON FRITZ, *Pylhagorean Politics in Southern Italy*, Columbia Univ., 1940; E. L. MINAR, *Early Pythag. politics*, Baltimore, 1942; B. L. VAN D. WAERDEN, *Die Harmonielehre der Pythagoreer*, Hermes 1943; A. J. FESTUGIÈRE, *Les mém. pythag. cités par Alex. Polyhistor*, Rev. ét. gr., 1945; J. MALLINGER, *Pythagore et les mystères*, Paris, Niclaus 1944, *Note sur les secrets éxotériques des Pythagoriciens*, Paris Niclaus, 1946; A. DELATTE, *La const. des États Units et les pythagoriciens*, París. Belles Lettres, 1948; H. S. LONG, *A study of doctr. of metemps. from Pythag. to Plato*, Princeton Univ., 1948; J. E. RAVEN. *Pythagoreans a. eleatics*, Cambridge Univ. Press, 1948; C. JUNGE, *Die pythag. Zahlenlehre*, Deutsche Mathem., 1940; L. STEFANINI, *La catarsi music. dei Pitag.*, Riv. crit. st. filos. 1949; P. N. MICHEL, *De Pythagore á Euclide*, París, Belles Letres 1950; VAN DER WAERDEN, *Die Astron. d. Pythagoreer, Die Theorie der*

Irrationalen, Amsterdam, 1951, *Die Arithmet. d. Pythag.,* Math. Annalen, 1948; P. KUCHARSKI, *Étude sur la doctr. pythag. de la tétrade,* París, Belles Lettres 1952; J. MILLEPIERRES, *Pythagore, fils d' Apollon,* París, Gallimard 1953; L. STEFANINI, *Il preimaginismo dei Greci: Pitagora, Eraclito, Parmen, Gorgia,* Padova, 1953; V. CAPPARELLI, *Il contrib. pitag. alla scienza,* Padova, 1955; M. N. DURIC, *Pythagoras u. die Pythagoreer als ethiker,* Ziva ant. 1955; L. FERRERO, *Storia del pitag. nel mondo, romano,* Univ. Torino, 1955; E. HOFFMANN, *Die Erziehungsgedanke bei d. Pythag.,* Paedag. Humanismus, Zürich, Artemis Verl., 1955.

a) HIPASO: K. VON FRITZ, *The discovery of incommensurability by Hippasus of Metap.,* Université de Liège, 1945.

b) ECFANTO: L. DELATTE, *Les traités de la royauté d'Ecphante, Diotogéne et Sthénidas,* Univ. de Liège 1942.

c) HIPÓDAMO: I. LANA, *L'utopia di Ippodamo di Mileto,* Riv. di filos., 1949; N. DURIC, *Der erste antike Entwurf der bestens Staates,* Ziva ant., 1954.

d) PHALEAS: I. LANA, *Le teorie egualitarie di Falea di Calcedone,* Riv. crit. di stor. della filos., 1950; N. DURIC, *L'idéal politique de Phaleas de Chalcedon,* Ziva ant. 1954.

e) ALCMEÓN: M. WELLMANN, *Alkmaion von Kroton,* Archeion, 1929; P. ARCIERI, *Alcmeone di Crotone e la scuola pitag.,* New York, 1937; e Rivista di storia della scienza 1947; L. A. STELLA, *Import. di Alcmeone nella storia del pens.,* Roma, Bardi, 1939; M. TIMPANARO CARDINI, *Anima vita e morte in Alcm. di Crot.,* Atene, Roma, 1940; H. ERHARD, *Alkmaion der erste Experimentalbiologe,* Arch. Gesch. Mediz. 1941; E.

LESKY, *Alkmaion bei Aetios u. Censorinus,* Hermes, 1952; G. VLASTOS, *Isonomia,* Amer. Journ. of Philol., 1953; H. N. ZOUBOV, *Ho herakleiteios Alkmaion,* Platon, 1955.

f) FILOLAO: R. MONDOLFO. *I frammenti di Filolao,* Riv. di filol. class., 1937; G. DE SANTILLANA a. W. PITTS, *Philolaos in Limbo or what happened to the Pythagoreans?* Isis, 1951; M. TIMPANARO CARDINI, *Il cosmo di Filolao,* Riv. di storia della filos., 1946.

g) ARCHITA: J. D. MEERWALDT, *Plato nachtuurwerk,* Hermeneus 1954; O. DEL GRANDE, *Archita e i suoi tempi,* Taranto 1955.

h) CEBES: Th. SINKO, *De lineamentis platonicis in Cebetis q. v. tabula,* Eos 1951.

5) HERÁCLITO. F. D. E. SCHLEIERMACHER, *Herakl. d. Dunkle von Eph.,* 1807, J. BERNAYS, *Heraklit, Studien,* Rh. Mus. 1850; F. LASSALLE, *Die Philos. Herakleitos d. Dunk.,* Berlin, 1858; P. SCHUSTER, *Heraklit, Lipsia,* 1873; E. PFLEIDERER, *Die Philos d. Herahl.,* Berlín, 1886; A. PATIN, *Herakl. Einheitstehre,* München, 1885, *Parmenides in Kampf gegen Herakl.,* Leipzig, 1899; E. SCHAERER, *Die Philos. d. Herakl. u. d. modern Herakl. s. Forsch,* Leipzig, 1902; M. WUNDT, *Die Philos. Herakl.,* Arch. Gesch. Philos. 1907; O. SPENGLER, *Heraklit,* Halle a. S. 1904; E. BODRERO, *Eraclito,* Torino, 1910; E. LOEW, varios estudios sobre Heráclito en Arch. Gesch. Philos. 1910-12 y 1918, en Wien. Stud., 1908, 1914, 1917 y 1933 y en Rhein. Mus. 1930-32; H. SLONIMSKY, *Herakl. u. Parmen.,* Giessen, 1912; B. DONATI, *Il valore della guerra e la filos. di Eraclito,* Riv. di filos. 1913; M. LOSACCO, *Eraclito e Zenone,* Pistoia, 1940; V. MACCHIORO, *Eraclito,* Bari, 1922; E. WEERTS, *Heraklit u. d. Herakliteer,*

Berlín, 1926 y PLATON *u. d. Herakleitismus,* Leipzig 1931; P. BISE, *La politique d'Héraclite,* París, 1925; A. DELATTE, *Las concept. de l'enthous. d. la philos. présocr.,* París, 1934; O. GIGON, *Untersuch. zu Herakl.,* Leipzig, 1935; G. CALOGERO, *Eraclito,* Giorn. crit. filos. ital. 1936; F. C. BRECHT, *Heraklit,* Heidelberg, 1936; A. M. FRENKIAN; *Étud. de philos. présocr.; Heraclite d' Eph.,* París, 1934; H. FRAENKEL, *Heraclitus on God, etc.,* Amer. Phil. Ass., 1938 y *A. Thought Pattern in Heracl.;* Amer. Journ. Phil. 1938; E. L. MINAR, *The logos of Heracl.,* Class. Philol. 1939; F. G. BRECHT, *Die Metaph. Heraklits,* Geist. Arb., Berlin, 1941; W. C. KIRK., *Fire in the cosmol. specul. of Heracl.,* Princeton, 1940; H. DILLER, *Weltbild u. Sprache im Heraclitismus,* N. Bild der Antike, Leipzig 1942; K. REINHARDT, *Heraklits Lehre vom Feuer,* Hermes, 1942, *Heraklitea. ibid.;* C. MAZZANTINI, *Eráclito,* Torino, 1945; FIORI SOLE, *Il problema di Dio in Eracl. ed. Eschilo,* Sophia 1948; A. KROKIEWICZ, *Heraklit,* Kwartalnik filozof. 1948; N. SPIROPOULOS, *Herakleitos,* Athenes 1948; G. HOEFER, *Heraklit, Herakliteer u. hippokr. Corpus,* Diss. Bonn, 1950; W. KRANZ, *Der Logos Heraklits u. d. Logos d. Johan.,* Rhein. Mus, 1949; E. PACI, *La concez. del logos in Eraclito,* Acme, Milano, 1949; G. S. KIRK, *Natural change in Heracl.,* Mind, 1951; L. STEFANINI, *La nascita del logos in Eraclito,* Giorn. crit. filos. it., 1951; E. WOLF, *Urspr. d. abendländ., Rechtsgedankens bei Anax. u. Heraklit,* Freiburg, 1940; S. AUROBINDO, *Héraclite,* Lyon, 1951; Q. CATAUDELLA, *L'armonia invisib. di Eraclito,* Sophia, 1949; U. HOELSCHER, *Der Logos bei Heraklit,* Festgabe Reinhardt, Köln, 1952; A. RIVIER, *Un emploi archaique de l'analogie chez Héraclite et Thucyd.,*

Lausanne, 1952; A. MERLAN, *Ambiguity in Heracl.*, Cong. intern., Philos., 1953; A. SOMIGLIANA, *Infl. ved. sul pens. eracl.*, Annali, 1952; A. SZABO, *Beitr. z. Gesch. d. griech. Dialektik*, Ant. Acad. Hungar., 1951-52; B. WISNIEWSKY, *Protag. et Héraclite*, Rev. Belg. philol., 1953; A. N. ZOUMPOS, *Die metaph. Bedeut. d. Wortes Hades b. Herakl.*, XI Congr. intern. Philos., 1953; R. MUTH, *Herakleitos*, Bericht, 1939-53, y *Herakl. Tod*, Anz. f. Altertumswiss., 1954; G. S. KIRK, *The cosmic fragm. of. Heracl.*, Cambridge Univ. Pr., 1954; M. HEIDEGGER, *Heraklit*, Festschr. Suso Gymn. Konstanz, 1954; N. BOUSSOULAS, *Ess. sur la struct. du mél. dans la pensée présocr., Héraclite*, Rev. mét. mor., 1955; E. HOFFMANN, *Das Kulturideal Heraklits*, "Paedag. Human.", Zürich, 1955; M. MARKOVIC, *A reconstr. a. intepr. of the philos. Syst. of Heracl.*, Ziva ant., 1955 (en español, Episteme, Caracas, 1957); G. VLASTOS, *On Heraclitus*, Amer. Journ. Phil., 1955.

Con respecto a los heraclíteos, ver sobre CRATILO: G. S. KIRK, *The problem of Cratylus*, Amer. Journ, 1951; H. CHERNISS, *Aristotle's Metaph.* 987[a], Amer. Journ. Philol., 1955; D. J. ALLAN, *The problem of Cratylus*, ibid, 1954; R. MONDOLFO, *El problema de Cratilo y la interpr. de Heráclito*, Anales filol. clas., Buenos Aires, 1954, y en ital. Riv. crit. Storia filos., 1954.

6) ESCUELA ELEATA:
S. FERRARI, *Gli eleati*, Acc. Lincei, Roma, 1892; O. GILBERT, *Joner u. Eleaten*, Rhein. Mus., 1909; J. DOERFLER, *Die Eleaten u. Orphiker*, Freistadt, 1911; K. REINHARDT, *Parmenides u. die Gesch. der Philos.*, Bonn, 1916; RAUSCHENBERGER, *Herakl. u. die Eleaten*, Arch. Gesch. Philos., 1918; F. ENRIQUES, *La polemica eleata per it*

concetto razion. della geometria, Period. matem., 1923; S. RANULF, *Die eleatische Satz vom Widerspruch*, Copenhague, 1924; G. CALOGERO, *Studii sull'eleatismo*, Roma, 1932; R. MONDOLFO, *Nota sull'eleatismo* (Problemi del pens. ant., Bologna, 1936); J. E. RAVEN, *Pythagoreans and eleatics*, Cambridge Univ. Press., 1948; J. ZAFIROPULO, *L'école éléate, Parménide, Zénon, Melissos*, París Belles lettres, 1950; A. SZABO, *Eleatica*, Acad. Ant. Hungar., 1955-56; A. CAPPIZZI, *Recenti studi sull'eleat.*, Rass. filos., 1955.

a) JENOFANES: F. KERN, *Ueb. Xenophanes von Koloph.*, Stettin, 1874; A. CHIAPELLI, *Sopra un opinione di Senofane*, Acc. Lincei, Roma, 1888; FREUDENTHAL, *Ueb. d. Theol. d. Xenophanes*, Breslau, 1886, *Zur Lehre des Xenoph.*, Arch. Gesch. Philos., 1888; A. ORVIETO. *La filos. di Senofane*, Firenze, 1899; M. LEVI, *Senofane e la sua filos.*, Torino, 1904; DOERING, *Xenophanes*, Preuss, Jahrb., 1909; Ad. LEVI, *Sul pensiero di Senofane*, Athenaeum, 1927; H. FRAENKEL, *Xenophanesstudien*, Hermes, 1925; W. A. HEIDEL, *Hecataeus a. Xenophanes*, Amer. Journ. of Philol., 1943; M. GUILMOT, *Essai sur Xénoph. de Colophon*, Thèse Univ. Louvain (Rev. belg. de philos., 1944); W. JAEGER, *Xenophanes a. the beginning of natural theology*, Schweizer Jubilee Book, Cambridge, 1946; A. LUMPE, *Die Philos. des Xenophanes von Koloph.*, Diss. München, 1952; C. CORBATO, *Studi senofanei*, Annali Univ., Trieste, 1952; J. RAPOSO, *O idealismo de Xenophanes*, Soc. Brasil. de filos., 1943-44; A. LUMPE, *Solons Einfluss auf Xenophanes*, Rhein. Mus., 1955; A. A. ROY, *La teología de Jenófanes*, Rev. est. clás. (Mendoza), 1955; M. UNTERSTEINER, *For-*

me di relig. primit. e il concetto di Terra in Senofane, Emerita, 1954, *Il probl. del conosc. in Senofane,* Sophia, 1955; A. N. ZOUBOS, *He gnosiologia tou Xenophanous,* Platon, 1955.

b) PARMÉNIDES: DOERING, *Das Weltsystem d. Parmen.,* Zeitschr. f. Philos., 1894; PATIN, *Parmen. in Kampf. geg. Herakl.,* Leipzig, 1899; DE MARCH, *L'ontol. e la fenomen. di Parmenide,* Torino, 1905; SANDERS, *D. Idealismus d. Parmen.,* München, 1910; K. REINHARDT, *Parmenides u. d. Gesch. d. Philos.,* 1916; A. LEVI, *Sulle dottr. di Parmen.,* Athenaeum, 1927; H. FRAENKEL, *Parmenidesstudien,* Göttingen, 1930; E. LOEW, varios estudios en Rhein, Mus., 1930-32, y en Philol. Woch., 1905-28-30; G. CALOGERO, *Parmen. e la genesi della log. class.,* Annali Pisa, 1936; P. ALBERTELLI, *La dottr. parmen. dell'essere,* Ann. Pisa, 1936; RIEZLER, *Parmenides,* Frankfurt, 1934; VERDENIUS, *Parmenides. Some comments in its poems,* Groeningen, 1942; A. M. FRENKIAN, *Les orig. de la théol. negat. de Parménide à Plotin,* Rev. clás., Bucarest, 1943; W. F. GAYMANN, *Parmenides. Een Studie,* Assem, 1941; J. E. BOODIN, *The vision of Parmen.,* Philos. Rev., 1943; *El poema de Parménides. Atentado de hermenéutica,* por D. GARCÍA BACCA, México, Impr, Univ., 1943; B. VAN HAGENS, *Parmenide,* Brescia, La Scuola, 1945, G. VLASTOS, *Parmenides theory of Knowledge,* Amer. Phil. Ass., 1946; VERDENIUS, *Parmen. conception of ligth,* Mnem., 1949; E. L. MINAR, *Parmen. a. the world of seeming.* Amer. Journ. Philol., 1949; Th. BALLAUFF, *Die Idee d. Paideia Eine Studie z. Platons Höhlengleichnis und Parmenides Lehrgedicht,* Meisenheim a. Glann, 1952; H. G. GADA-

MER, *Retractationen zum Lehrgedicht des Parmenides,* Festgabe Reinhardt, Köln, 1952; K. BLOCH, *Ueb. d. Ontologie d. Parmenides,* Class. et Mediaev., Köbenhavn, 1953. W. T. STACE, *The Parmenidean Dogma,* Philosophy, 1949; G. J. WHITROW, *The epistemol. foundat. of natural Philos.,* Philosophy, 1946; E. POMILIO, *La fortuna di Parmen. dall'antich. ad oggi,* Maia, 1953; H. REICH, *Parmen. u. die Pythagoreer,* Hermes, 1954; H. SCHWABL, *Sein u. doxa bei, Parmen.,* Wien. Stud., 1953; A. A. SZABO, *Zur Gesch. d. Dialekt. d. Denkens,* Ant. Acad. Hungar. 1953, *Zum Verständnis der Eleaten,* ibid, 1954; M. DE CORTE, *Parménide et la sophistique,* Melanges Mansion, Louvain, 1955; R. KEAT SPRAGUE, *Parmenides,* Class. Philol, 1955; J. BOLLACK, *Sur deux fragm. de Parm.,* Rev. ét. gr., 1957; W. JAEGER. *Ein verkamtes frg. d. Parmen.* Rh. Mus., 1957; G. JAMESON, *Well-round truth a. circul. thought in Parm.,* Phronesis, 1958.

c) ZENÓN: FRONTERA, *Étud. sur les argum. de Zénon d'Elée,* París, 1891; NOEL, MILHAUD, BROCHARD, LECHALAS, en Revue de métaph. et de mor., 1893; ZUCCANTE, *Zenone d'Elea (Tra il pens. antico e il mod.),* Milano, 1905; LACHELIER, *Sur les argum. de Zen. d'Elée,* Rev. metaph. mor, 1910; MASCI, *Su alcuni luoghi delta fisica d'Arist.* (sobre Zenón), Accad. Napoli, 1912; MORPURGO, *Intorno agli argom, di Zen. d'Elea,* Giorn. crit. filos. it., 1922; R. MONDOLFO, *La polem. di Zenone contro it moto (Problemi pens. ant.)* y *La negaz. dello spazio in Zenone* (ibid), Bologna, 1936; A. TESTA, *Quiete e moto nella polem. Zenon.,* Giorn. crit. filos. it., 1935; G. CALOGERO, *La logica del secondo eleatismo,* Atene Roma, 1936; H. P. D. LEE, *Zeno of Elea,* Cambridge,

1936; H. FRAENKEL, *Zeno von Elea in Kampf gegen die Idee der Vielheit*, Amer. Journ. Philol., 1942, y *Wege u. Formen frühgriech, Denken*, 1955; J. O. WISDOM, *Why Achilles does not fail to catch the tortoise*, Mind, 1941; ibidem: A. D. RITCHIE, 1941, y W. V. METCALF, *Achilles a. the tortoise*, 1948; A. USHENKO, *Zeno's paradoxes*, Mind, 1946; R. WAVRE, *Les apories de Zénon d'Élée*, Festschr. A. Speiser, Zürich, 1945; H. R. KING, *Aristotle a. the paradoxes of Zeno*, Journ. Philos., 1949; A. MÜLLER, *Das Probl. des Wettlaufs zwisch. Achill u. d. Schildkröte*, Arch. Philos., 1948; L. MALVERNE, *Aristote et les apories de Zenon*, Rev. metaph. mor., 1953; P. SCHEFFER, *Gedanken über Paradoxien des Zenon*, Natalicium. Jax, Innsbruck, 1955; D. S. SCHWAYDER, *Achilles unbound*, Journ. of Philos., 1955; N. B. BOOTH, *Were Zeno's argum, a reply to attacks upon Parm? Were directed against the Pythagoreans?* Phronesis, 1957.

d) MELISO: A. CHIAPPELLI, *Sui framm. e la dottr. di Melisso di Samo*, Acc. Lincei, 1890; M. OFFNER, *Zur Beurteil d. Melissos*, Arch. Gesch. Philos., 1890; A. COVOTTI, *Un metafis. polemista: Melisso di Samo*, Accad. Napoli, 1915; CALOGERO, *La log. del secondo eleat.*, 1936; P. MELONI, *Contrib. a un'interpr. del pens. di Melisso*, Ann. Fac. Lett. Cagliari, 1948; M. UNTERSTEINER, *Un aspetto dell'essere melissiano*, Riv. crit. storia filos., 1953.

7) EMPÉDOCLES:

H. DIELS, *Studia Empedoclea*, Hermes, 1880; *Gorgias und Empedokles* y *Ueb. d. Ged. d. Emped.*, Berlin. Akad, 1884, y 1897-98; O. KERN, *Emped. und die Orphiker*, Arch. Gesch, Philos., 1888; S. FERRARI, *Empedocle*, Roma, 1891; J. BIDEZ, *La biographie d'Empéd.;* Gand,

1894; E. BODRERO, *It principio fondam. di Emped.*, Roma, 1905; W. KRANZ, *Emped. u. d. Atom.*, Hermes, 1912; E. BIGNONE, *Empedocle, studio critico*, Torino, 1916; G. KAFKA, *Z. Phys. d. Emped.*, Philol., 1923; A. ROSTAGNI, *Il poema sacro di Emped.*, Riv. filol. class. 1923; R. ROLLAND, *Emped. v. Agrig.*, Leipzig, 1930; SOUILHÉ, *L'enigme d'Empéd.*, Arch. philos, 1932; RATHMANN, *Quaestiones pythag. orph. Empedocleae*, Halle, 1933; DELATTE, *Les conceptions de l'enthousiasme*, etc., París, 1934; G. LOEW, *Empedokles, Anaxagoras u. Demokrit*, Wien. Stud., 1937; R. VANDER-COILDEN, *Empédocle et la concept. de la nature*, thèse Univ. Louvain, 1946; Y. BATTISTINI, *Empédocle*, rev. Empédocle, 1949; W. KRANZ, *Empedokles*, Zürich, Artemis Verl., 1949; H. S. LONG, *The unity of Empedocle's thought*, Amer. Journ Phil., 1949; K. REINHARDT, *Emped. orphiker u. physiker*, Class. Rev., 1950; Ch. MUGLER, *Sur quelques frgs. d'Empédocle*, Rev. philos., 1951; G. RUDBERG, *Emped. a. evolution*, Eranos, 1952; A. TRAGLIA, *Studî sulla lingua d'Emped.*, Bari, Laterza, 1952; J. ZAFIROPULO, *Empédocle d'Agrig.*, Avec texte et trad., París, Belles Lettres, 1953; H. MUNDING, *Zur Beweisführung des Empedokles*, Hermes, 1954; D. J. FURLAY, *Emped. a. the clepsydra.* Journ. Hell. Stud., 1957.

8) JON DE QUÍOS:
Jon von Chios. Die Reste seiner Werke hrsg. v. A. VON BLUMENTHAL, Stuttgart, 1939; J. JACOBY, *Some remarks on Jon of Chios*, Class, quart. 1947.

9) ANAXÁGORAS Y ARQUELAO:
G. F. UNGER, *Die Zeitverhält. d. Anaxag. u. Emped.*, Philol., 1883; M. HEINZE, *Ueb. d. Nous d. Anaxag.*, Gesell. Wiss. Leipzig, 1890; F. KROHN, *Der Nous bei*

Anaxag., Münster, 1907; G. ZUCCANTE, *Anassag.*, Ist. Lomb. y Riv. filos. 1908; A. COVOTTI, *Il fisicissimo y Un filosofo soprannom. Intelletto*, Accad. Napoli, 1915-16; W. CAPELLE, *Anaxag.*, N. Jahrb. Klass. Alt. 1919; LOEWY CLEVE, *Die Philos. d. Anaxag.*, Wien. 1917; F. M. CORNFORD, *Anaxag., theory of matter*, Class. Quart., 1930; E. DERENNE, *Les procès d'impiété*, etc., París, 1930; DILLER y H. GOMPERZ en Hermes, 1932-33; O. GIGON, *Zu Anaxag.*, Philol. 1936; *Die Fragmente d. Anaxag.*, von O. JOEHRENS, Bochum 1939; W. BROECKER, *Die Lehre des Anaxag.*, Kantstudien, 1942-43; D. CIURNELLI, *La filos. di Anassagora*, Padova, 1947; J. ZAFIROPULO, *Anaxagore de Clazomène*, París, Belles Lettres 1948; H. ERHARD, *Anaxag. als Biologe*, Arch. f. Gesch. d. Mediz. 1942; F. M. CLEVE, *The philosophy of Anaxagoras*, New York, Columbia. Univ., 1949; G. CALVETTI, *La metaf. di Anassag.*, Riv. filos. neoscol., 1950; G. VLASTOS, *The physical theory of Anaxag.*, Philosoph. Rev., 1950; J. A. DAVIDSON, *Protagoras, Democritus and Anaxagoras*, Class. Quart., 1953; J. E. RAVEN, *The basis of Anaxag. cosmology*, Class. Quart., 1954; D. MAYOR, *Problemas sobre Anaxag.*, Pensamiento, Madrid, 1954; C. DIANO, *La data di pubblic. della syngrafe di Anassag.*, "Anthemon", Firenze, Sansoni 1955.

ARCHELAO: C. E. PERIPHANAKIS, *Quelques traits de la philos. social de Archélaos d'Athènes*. Athenes Eleutheroudakis, 1951.

10) ATOMISTAS:
MABILLEAU, *Hist. de la philos. atomist.*, Paris 1845; K. LASSWITZ, *Geschichte d. Atomistik*, 2^a ed., 1926; FAZIO ALLMAYER, *Studî sull'atomismo greco*, Palermo, 1911; J.

G. BURY, *The origin of atomism*, Class. Rev., 1916; C. BAYLEY, *The greek atomists a. Epicurus*, Oxford, 1928; G. BACHELARD, *Les intuitions atomistiques*, París, 1933; L. ROBIN, *L'atomisme ancien*, Rev. de synth., 1933; D. M. BALME, *Greek science a. mechanism. The atomists*, Class. Quart, 1941; A. O. MAKOVELSKY, *Los atomistas griegos* (en ruso), Baku, 1946; E. BRÉHIER, *Apport scientifique de l'antiquité. Un système préscientifique: l'atomisme*, Revue de synthèse, 1950; V. E. ALFIERI, *Atomos idea. L'origine del concetto di atomo*, Firenze, Le Monnier, 1953.

a) LEUCIPO: E. ROHDE, *Leukippos u. Demokrit*, Kl. Schriften, I; DIELS y NATORP, *Leukippos u. Diog. von Apoll.*, Rhein. Mus., 1887; K. PRAECHTER, *Zur Leukippos-Frage*, Philol. Woch., 1921; A. COVOTTI, *Il piccolissimo y Leucippo*, Accad. Napoli, 1916; *Leucip. si Democrit.*, trad. en un studiu de H. MIHDESCU, Jasi, 1941; *Leukip i Democrit*, trad. al croata por N. MAINARIC, Zagreb, 1950.

b) DEMÓCRITO: A DYROFF, *Demokritstudien*, München, 1899; P. NATORP, *Die Ethik d. Demokrit*, Marburg, 1893; A. GOEDECKEMEYER, *Epikurs Verhält. zu Demokrit*, Strassburg, 1897; G. ZUCCANTE, *Da Democrito a Epicuro*, Riv. filos., 1900; A. BRIEGER, *Das atom. System*, Hermes, 1901-02 y Philol. 1904; L. LOEWENHEIM, *Die Wiss. Demokrits*, Berlín, 1914; J. HAMMER-JENSEN, *Die aeldste Atomlaere*, Copenhague, 1908; P. v. d. MUEHL, *Epik. u. Demokrit*, Festg. Kaegi, 1919; J. STENZEL, *Platon u. Demokrit*, N. Jahrb., Klass. Alt., 1920; M. WELLMANN, *Die Georgika d. Demokrit*, Preuss. Ak., 1921; *Die Physika d. Bolos Demokr.*, ibid., 1928; *Spuren De-*

mokrits, etc., Archeion, 1929; H. LANG, *De Democr. fragm. ethicis,* Göttingen, 1921; Q. CATAUDELLA, *L'anon. Jamblichi e Democrito,* Studî ital. fil. class., 1932; H. LANGERBECK, *Studien zu Demokr. Ethik u. Erkenntnislehre,* Berlín, 1935, y nota de ALFIERI en Giorn. crit. filos. it., 1936; R. MONDOLFO, *Probl. pens. antico,* Bologna, 1936, y *Moralistas griegos,* Bs. Aires, 1941; W. SCHUMACHER, *Die Seele, der Sitz des Schicksals a. d. ethisch. Fragm. Demokrits,* Berlín, 1938; K. VON FRITZ, *Philos. u. sprachl. Ausdruck bei Demokr. Plato u. Arist.,* New York, Stechert, 1940; E. G. CASKEY, *The ideas of Democr. a Plato,* Amer. Phil. Ass., 1941; O. GIGON, *Demokritos,* Jahrb. Ver. Schweiz. Gymn., Aarau, 1942; L. A. STELLA, *Intorno alla cronol. di Democr.,* Riv. Filol. Class., 1942; G. VLASTOS, *Ethics a. physics in Democr.,* Philol. Rev., 1945, *On the Prehistory in Diodorus,* Am. Journ. Phil., 1946; G. PFLIGERSDORFFER, *Logios u. logioi anthropoi bei Demokr.,* Wien. Stud., 1943-47; L. A. STELLA, *Valore e posiz. stor. dell'etica di Democr.,* Sophia, 1942; ENRIQUES e MAZZIOTTI, *Le dottr. di Democr. d'Abd.,* Bologna, 1948; G. J. AALDERS H. WZN, *The political faith of Democr.,* Mnem., 1950; V. E. ALFIERI, *Il divino in Democr. e in Epic.* (Studî di fil. gr. in onore di R. Mondolfo, Bari, 1950); I. LANA, *Le dottr. di Protag. e Democr. int. all'orig. dello stato,* Acc. Lincei, 1950, y *L'etica di Democr.,* Riv. filos. 1951; F. MESIANO, *La mor. materialist. di Democr. d'Abd.,* Firenze, Le Monnier, 1951; N. MAINARIC, *Demokrit kao filolog.,* Zagreb, Facultas philos. 1951; V. E. ALFIERI, *I due aspetti della teoria del conosc. in Democr.,* Athenaeum, 1952, *Per la cronol. della scuo-*

la di Abd., Riv. crit. st. filos., 1952, *Atomos idea*, Firenze, Le Monmer, 1953; R. MONDOLFO, *Intorno, alla gnoseol. di Democr.*, Riv. crit. st. filos., 1952; Ch. MUGLER, *Sur quelques partic. de l'atom. anc.*, Rev. philos., 1953; K. VON FRITZ, *Democritu's theory of vision*, Festschr., Singer, Oxford Univ. Pr., 1953; V. P. ZUBOV, *El atomismo, matem. de Democr.* (russo), Vestruk Orevnei Istorij, 1951; H. MUNDING, *Die Glaubwürdigkeit von Verst. u. Sinn. bei Demokr.*, Diss. Frankfurt, 1952; C. S. LUTZ, *Democr. a. Heracl.*, Class. Journ., 1953-54.

11) SOFISTAS:

a) Estudios generales: A. CHIAPPELLI, *Per la storia della sofist. greca*, Arch. Gesch. Philos., 1890 y *Sulle Teorie sociali dei sofisti greci*, Acc. Napoli, 1889; W. NESTLE, *Bemerk. z. d. Vorsokr. u. Sophisten*, Philol. 1908, y *Politik u. Aüfklarung in Griech.*, N. Jahrb., 1909; H. GOMPERZ, *Sophistik u. Rhetorik*, Leipzig, 1912; H. VON ARNIM, *Gerechtigk. und Nutzen in d. griech. Aufklärungsphilos.*, Frankfurt a. M., 1916; MASSON-OURSEL, *La sophistique*, Rev. mét. mor., 1916; W. NESTLE, *Griech. Naturrechtstheorien*, Hum. Gymn., 1926, y *Die Lebenskunft d. Sophisten*, Philol. Woch., 1932; A. FAGGI, *L'essere e il non essere nella sofist. greca*, Acc. sc. Torino, 1926; J. MEWALDT, *Kulturkampf d. Sophisten*, Tübingen, 1928; M. WUNDT, *Sophisten en Paedag. Lexikon*, 1931; E. BIGNONE, *Antifonte e il probl. della sofistica, Studî sul pens. ant.*, Napoli, 1938; G. SAITTA, *L'illuminismo della sofistica greca*, Milano, 1938; A. LEVI, *Studî sulla sofistica*, Sophia, 1937-38; P. Y. H. DVINK, *Philos. u. Sophistik*, Tea Hag, 1940; G. GALLI, *La scoperta dell'uomo; i Sofisti e Socrate*, N.

Riv. Stor., 1949; F. DUPRÉEL, *Les Sophistes,* París-Neuchâtel, 1948-49; M. UNTERSTEINER, *I Sofisti,* Torino, Einaudi, 1949, y *Origini soc. della sofistica (Studî di filos. gr.,* Bari, 1950); M. BUCCELLATO, *Per una interpr. specul. della retor. sofistica (Studî di filos. gr.,* Bari, 1950) y *Rassegna di studi sofistici,* Rass. filos., 1953; G. B. KENFERD, *The first greek sophists,* Class. Rev., 1950; M. BUCCELLATO, *La retor. sofist. negli scritti di Platone,* Milano, 1953.

b) PROTÁGORAS: V. BROCHARD, *Protágoras et Démocrite,* Arch. Gesch. Phil., 1889; P. NATORP, *Forsch. z. Gesch. d. Erkenntnisprobl. im Altert.: Protagoras,* etc., Berlín, 1884, y *Protagoras u. s. Doppelgänger,* Philol., 1891; Th. GOMPERZ, *D. Apologie d. Heilkunst,* Wien, 1890 y 1910; A. COVOTTI, *Studî sulla filos. teoret. di Protagora,* Pisa, 1896; Al. LEV., *Contributo a un'interpr. del pens. di Protag.,* Ist. Ven., 1906; E. BODRERO, *Protagora,* Bari, 1914; R. ENGEL, *Die Warheit d. Protag.,* Iglau, 1910; Ad. LEVI, *The ethical and social thought of Protag.,* Mind, 1940; D. LOENEN, *Protag. a. greek community,* Amsterdam, 1941; J. S. MORRISON, *The place of Prot. in Athenian public life,* Class. Quart., 1941; M. UNTERSTEINER, *La dottr. di Prot. e un nuovo testo dossogr.,* Riv. filol. class., 1944-45; A. LEVI, *Studies on Protag.,* Philosophy, 1940; A. KROKIEWICZ, *Protag. i. Giorgias;* en HUWANIECKI, etc., *Epoka Peryklea,* Warszawa, 1949; I. LANA, *Protagora,* Publ. Fac. Lett. Filos., Torino, 1950; B. WISNIENSKI, *Protag. et Heraclite,* Rev. belg. Philol., 1953; A. FRATI, *Atene e la sofistica,* N. Riv., stor., 1954; A. CAPIZZI, *Protagora,* Firenze, Sansoni, 1955.

c) GORGIAS: H. Diels, *Gorgias u. Emped.*, Berlín Akad., 1884; O. Apelt, *Gorgias bei Ps. Arist. u. Sext. Emp.*, Rh. Mus., 1888; W. Nestle, *Die Schrift d. Gorg, üb. d. Natur,* Hermes, 1922; A. Rostagni, *Un nuovo cap. della retor. e sofist.*, Studî ital. filol. class., 1922; G. M. Lattanzi, *L'attegg. gnoseol. di Gorgia,* Acc. Lincei, 1932; G. Rensi, *La suggest. di Gorgia e Platone,* Arch. storia filos., 1933; O. Gigon, *Gorgias üb. das Nichtsein,* Hermes, 1936; E. Bux, *Gorgias u. Parmen.*, Hermes, 1941; K. Deichgraeber, *Similia dissimilia,* Rhein. Mus., 1940; J. Coppée, *Le traité du non-être de Gorgias.* Thèse Univ. Bruxelles, 1940 (Rev. belg. Philos., 1942); A. Levi, *Studî su Gorgia,* Gubbio, 1941; G. Rudberg, *Herakleitos u. Gorgias, Serta Eitrem.,* Oslo, 1943; Y. Cervenka, *Gorgias y la filos. de su tiempo* (checo), Listy Filolog., 1950; W. Vollgraff, *L'oraison funèbre de Gorgias,* Leiden, Brill, 1952; M. Muehl, *Die Nachwirkung ein, Antithese d. sophist. Gorgias,* Anz. f. Altertumswiss., Wien, 1953; A. Stefanini, *L'estetismo di Gorgia,* Ist. Ven. 1950-51; V. Di Benedetto, *Il peri tou me ontos di Gorgia e la polem. con Protag.,* Acc. Lincei, 1955; G. B. Kerferd, *Gorgias on Nature or that which is not,* Phronesis, 1955; Th. G. Rosenmeyer, *Gorgias Aeschylus a. Apate,* Amer. Journ. Phil., 1955.

d) HIPIAS: F. Duemmler, *Hippias d. Eleer* (Akadem., Giessen, 1889); O. Apelt, *Der sophist Hippias, (Beitr. z. Gesch. d. griech. Philos.),* Leipzig, 1891; W. Zilles, *Hippias aus Elis,* Hermes, 1918; A. Momigliano, *Ideali di vita nella sofistica: Ippia e Critia,* Cultura, 1930; D. Viale, *Ippia di Elide e la corr. naturalistica della sofistica,* Sophia, 1942; M. Duric,

Die Rechtsphilos. Anschauungen d. Hippias von Elis, Ziva Antika, Skoplie, 1952.

e) PRÓDICO: M. HEINZE, *Ueb. Prodikos v. Keos,* Sächs. Gesellsch. Wiss., 1884; F. RIEDL, *Der Sophist Prodikos,* Laibach, 1908; H. MAYER, *Prodikos v. Keos,* Paderborn, 1913; A. MOMIGLIANO, *Pródico da Ceo,* Acc. Sc. Torino, 1930; R. DUMOULIN, *Prodicos de Ceós. La philos. morale,* Thèse Univ. Bruxelles, 1942; G. CATAUDELLA, *Intorno a Prod. di Ceo,* Studî in onore di E. Ciaceri, Roma 1940; G. B. KERFERD, *The relativism of Prodicus,* Bull. Rylands libr., Manchester, 1954-55.

f) ANTIFONTE: E. BIGNONE, *Antifonte sofista (Studî sul pens. ant.,* Napoli, 1938); A. MOMIGLIANO, *Sul pens. di Antifonte sof.,* Riv. filol. class., 1930; H. HOMMEL, *Antiphon sophist u. Rhetor.,* Götting. Abhandl., 1941; Ph. MERLAN, *Alexander the Great or Antiphon the sophist?,* Class. Phil., 1950; *Antiphon Discours, suivis des fragm. d'Antiphon le sophiste,* ed. Gernet, Les belles lettres, 1954; E. R. DODDS, *The nationality of Antiphon the Sophist,* Class. Rev., 1954; J. S. MORRISON, *Socrates a. Anthiphon,* Class. Rev., 1955.

g) CRITIAS, CÁLICLES Y TRASIMACO: A. von BLUMENTHAL, *Der Tyrann Kritias als Dichter u. Schriftsteller,* Stuttgart, 1923; *Wer ist Kallikles?* Woch. f. Klass. Phil., 1911; S. KRIEGSBAUM, *Der Urspr. d. von Kallikles in Plat. Gorgias vertr. Ansch.,* Paderborn, 1913; F. LEVY, *Die Gestalt d. Kallikles,* Sokrates, 1920; A. MENZEL, *Kallikles,* Wien 1922; R. PERELLI, *Epicuro e la dottr. di Crizia sull'orig. della relig.,* Riv. filol. class., 1955; M. S. SMELLENS, *Der Gerechtigkeitsbegriff d. Thrasymachus,* Zeitschr. f. philos. Forsch., 1953.

h) EURÍPIDES. W. NESTLE, *Euripides der Dichter d. griech. Aufklärung*, Stuttgart, 1901; *Untersuch. üb. die philos. Quellen d. Euripides*, Philol., 1902; P. MASQUERAY, *Euripides et ses idées*, París, 1908; G. MURRAY, *Euripides a. his age*, London, 1927; W. N. BATES, *Euripides*, Philadelphia, 1930; Ad. LEVI, *Le idee relig. di Euripide*. Ist. Lomb. 1930.

i) ANÓNIMO DE JAMBLICO: D. VIALE, *L'anonimo di Giamblico*, Sophia, 1941; Q. CATAUDELLA, *Chi è l'anonimo di Giamblico?*, Rev. ét. grecques, 1950.

D) SÓCRATES Y SOCRÁTICOS MENORES:

1) SÓCRATES: A. LABRIOLA, *La dottr. di Socrate secondo Senofonte, Platone e Aristótele*, Napoli, 1871 (5ª ed. Bari, 1953); A. FOUILLÉE, *La philos. de Socrate*, París, 1874; G. SOREL, *Le procès de Socrate*, París, 1889; K. JOEL, *Der echte u. d. Xenophont. Sokrates*, Berlín, 1893-901; A. DOERING, *Die Lehre d. Sokrat. als sozial Reform.*, MÜNCHEN, 1895; C. PLAT, *Socrate*, Paris, 1900; R. POEHLMANN, *Sokr. u. sein Volk*, Leipzig, 1899, y *Aus Altertum u. Gegenwart*, München, 1911; G. ZUCCANTE, *Socrate*, Torino, 1909; A. E. TAYLOR, *Varia Socratica*, Oxford, 1911; C. G. FIELD, *Socrates a. Plato, a critic of Taylor's Varia socrat.*, Oxford, 1913; H. MAIER, *Sokrates*, Tübingen, 1913; A. BUSSE, *Sokrates*, Berlín, 1914; J. BURNET, *Greek Philosophy. Thales to Plato*, 3 ed., London, 1920; Ch. P. PARKER, *The histor. Socrates in the light of Burnet's hipothesis*, Harvard Stud., 1916; A. LEVI, *Socrate o Platone?* Riv. filos., 1918; G. KAFKA, *Sokrates, Platon u. d. Sokrat. Kreis*, München, 1921; R. MILLET, *Socr. et la pensée mod.*, París, 1920; G. MELLI, *So-

crate, Lanciano, 1921; G. TAROZZI, *Socrate,* Roma, 1932; A. E. TAYLOR, *Socrates,* London, 1936; V. BROCHARD, *Ensayos sobre Sócrates y Platón,* Buenos Aires, 1940; P. MARTINETTI, *Socrate,* Milano, 1938; R. MONDOLFO, *Moralistas griegos,* Bs. Aires, 1941; C. RITTER, *Sokrates,* Tübingen, 1931; A. J. FESTUGIÈRE, *Socrate,* París, 1934 y 1950; E. DES PLACES, *Socrate directeur de conscience,* Congr. Budé, Strassbourg, 1938; W. JAEGER, *Paideia II,* Berlín, 1944 trad. it. Firenze, N. It.; castellana, México, Fondo Cult. Ec.); G. BASTIDE, *Le mom. histor. de Socrate,* París, 1939; P. MARTINETTI, *Socrate,* Riv. filos., 1939; L. LAVELLE, *Socrate,* París, 1939; A. D. WINSPEARE, a. T. SILVERBERGER, *Who was Socrates?,* New York, 1939; G. COTTON, *Socrate,* Bruxelles, 1944; M. LANDMANN, *Der Sokratismus als Wertethik,* Diss. Basel 1943; *Socrate selon Platon,* Textes choisis par A. BONNARD, Lausanne, 1945; G. RUDBERG, *Sokrates bei Xenophon,* Uppsala, 1939; Th. DENAN, *Socrate et Jesus,* París, 1944; G. TURIN, *Socrates, Galileo, Leopardi,* Bs. Aires, 1947; O. GIGON, *Sokrates. Seïn Bild in Dichtung u. Geschichte,* Bern, 1947; R. GUARDINI, *Der Tod des Sokrates,* Bern, 1945, y London, 1948; L. NELSON, *Socratic method a. critical philosophy,* New York, Yale Univ., 1949; J. PATOCKA, *Remarques sur le probl. de Socrate,* Rev. philos., 1949; A. HUEBSCHER, *Sokrates,* Frankfurt-Bonn, 1950; G. GALLI, *Due studi di filos. greca: Socrate. Il convito di Platone,* Fac. Magist., Torino, 1950; E. DE STRYCKER, *Les témoign. historiques sur Socrate,* Mélanges Grégoire, Bruxelles, 1950; P. DENAN, *Le témoign. d'Aristote Sur Socrate,* Paris, Belles Lettres, 1942; A. BANFI, *Socrate,* 2 ed., Milano, 1944; H. MAIER, *Socrate, la sua opera e il suo posto nella storia,* Firenze, 1944; A. TOVAR, *Vida de Sócrates,* Madrid, 1947; H. POURRAT, *Le sage et son démon*, trad. Des Places, París, 1950; A. E. TAYLOR, *Socrates*, Boston, 1951, y New York, 1953; J. MOREAU, *Socrate, son milieu histor., sa actualité*, Ass. Budé, 1951; P. ROSSI, *Per una storia della storiogr. socrat. (Probl. di storiogr. filos.)*, Milano, 1951; H. EIBL, *Delphi u. Sokrates*, Salzburg, Akad., 1949; S. EITREM, *Sokrates*, Oslo, 1952; V. DE MAGALHAES VILHENA, *Le problème de Socrate*, París, 1952; *Socrate et la légende platonicienne*, Paris, 1952; V. de CAPRARIIS, *Umanismo e polit. di Socrate*, Par. del pass., 1953; A. H. KROUST, *Socrates in the light of Aristotle's testim.*, New Scholasticism (U.S.A.), 1952; C. MASON, *Socrates the man who dared to ask*, Boston, 1953; G. SEMERARI, *Il principio del dialogo in Socrate*, Giorn. crit. filos. it., 1953; V. DE MAGALHÁES VILHENA, *La pensée et l'action. Socrate et la polit. platon.*, L'inform. littér, 1954; O. LIBRIZZI, *La morale di Socrate*, Napoli, 1954; C. J. DE VOGEL, *The present state of the socratic problem*, Phronesis, 1955; *Plato a. Xenophon socratic discours* by A. D. LINDSAY, London, Dent, 1955; G. CALOGERO, *Socrate*, N. Antol., 1955, R. MONDOLFO, *Sócrates*, Buenos Aires, Losange, 1955.

2) SOCRÁTICOS: P. ROTTA, *I socratici minori*, Brescia, 1948.

a) JENOFONTE: F. DUEMMLER, *Accademica;* E. ZELLER, *Kleine Schriften* II; K. JOEL, *Der echte u. d. xenophont, Sokr.*, Berlin, 1893-901; E. LANGE, *Xenophon*, Gütersl. 1900; A. CHANAVON, *Étud. sur les sources des Mémor. de Xenoph.*, París, 1903; L. ROBIN, *Les Mémor. de Xenoph. et notre connaiss. de la philos. de Socr.*, Année philos., 1910; H. VON ARNIM, *Xenoph. Mem. u. Apol. d. Sokr.*, Köbenhavn, 1923; K. VON FRITZ, *Z. Frage d. Echt, d. Xenoph. Apol.*, Rhein.

Mus. 80; R. WALZER, *Sulla relig. di Senofonte*, Annali Pisa, 1936; W. NESTLE, *Xenoph. u. die Sophistik*, Philol., 1939; R. SIMETERRE, *La théorie socrat. de la vertu-science selon Xénophon*, Paris, 1938; F. DORNSEIFF, *Zeitbestimm. von Platons Symp. durch Xenophon*, Hermes, 1942; O. GIGON, *Xenophons Apol. d. Sokrat.*, Mus. Helv., 1946, y *Xenophontea*, Eranos, 1946; F. LUCCIONI, *Les idées polit. et soc. de Xénoph.*, París, Ophrys, 1947; *Socrate de Xénophon*, par P. CHAMBRY, París, Hachette, 1951; O. GIGON, *Komment. z. erst. Buch d. Xenoph. Memor.*, Basel, 1953; F. LUCCIONI, *Xenoph. et le socratisme*, Fac. Lettres Alger, París, 1953; W. WEATHERS, *Xenophon's polit. idealism*, Class. Journ., 1953-54.

b) ESCUELA MEGÁRICA Y ELEO-ERETRÍACA: V. MALLET, *Hist. de l'école de Mégare et des écoles d'Élis et d'Eretrie*, Paris, 1845; G. HARTENSTEIN, *Ueb. d. Bedeut. d. Megar. Schule*, Sächs. Gesell. Wiss., 1848; G. APELT, *Stilpon*, Rhein. Mus., 1898; C. M. GILLESPIE, *On the Megarians*, Arch. Gesch. Philos., 1911; A. LEVI, *Le dottr. della scuola di Megara*, Acc. Lincei, 1932; K. VON FRITZ, *Megariker* en Pauly-Wissowa; WILAMOWITZ MOELLENDORF, *Phaidon von Elis*, Hermes, 1879; *Antigonos von Karystos* (sobre otros de la escuela eleo-cretríaca); B. MATES, *Diodorean implication* (Diodoro Khronos), Philos. Rev., 1949.

c) ESCUELA CÍNICA: Th. GOMPERZ, *Die Kyniker*, Cosmopolis, 1897; J. GEFFKEN, *Kynika u. Verwandtes*, Heidelberg, 1909; DUEMMLER, *Antisthenica (Kleine Schriften I)*; K. JOEL, *Die Auff. d. Kynische Sokratik*, Arch. Gesch. Philos., 1907; L. A. ROSTAGNO, *Le idee pedag. nella filos. cinica e spec. in Antistene*, Torino, 1904; C. M. GILLESPIE, *The logik of Antisthenes*, Arch. Gesch. Philos., 1913-14; G. ZUCCANTE, *Antistene y Antist. nei dial. di Platone*, Ist. Lomb., 1916; K. VON FRITZ, *Z. Antisthen. Erkenntnistheorie u. Logik*, Hermes, 1927; A. LEVI, *Le teorie metaf. log. e gnoseol. di Antistene*, Rev. hist. philos., 1930; K. W. GOETTLING, *Diogenes d. Kyniker, oder d. Philos. d. griech. Proletariat*, Ges. Abhandl. I, Halle, 1851; A. PACKMOHR, *De Diogenis Sinopensis apopht.*, Monast. Guest, 1913; G. ZUCCANTE, *Diógene*, Acc. Lincei, 1914; K. VON FRITZ, *Quellenuntersuch. zu Leben u. Philos. d. Diogenes von Sinope*, Philol. Suppl., Leipzig, 1926; H. KESTERS, *Antisthène de la dialectique*, Louvain, 1935; S. FARRAND, *Diogenes of Sinope. A study of Greek cynicism*, Baltimore, 1938; F. SAYRE, *Antisthenes the Socratic*, Class. Journ., 1948, y *The greek cynics*, Baltimore, 1948; G. RUDBERG, *Diogenes the cynic a. M. Aurelius*, Eranos, 1949; G. M. A. GRUBE, *Antisthenes was no logician*, Amer. Phil. Ass., 1950; R. HÖISTAD, *Cynic hero a. cynic King. Studies in the cynic concept of man*, Diss. Uppsala, Lund, 1948; D. TSIRIBAS, *Kritika eis Diogenous epistolás*, Athena, 1953; M. DURIC, *Die polit. Anschauungen d. Antisthenes*, Ziva ant., 1955.

d) ESCUELA CIRENAICA: A. WENDT, *De philos. cyrenaica*, Göttingen, 1841; G. ZUCCANTE, *I cirenaici*, Ist. Lomb., 1916; F. DUEMMLER, *Zu Aristippos (Akadem. I)*; P. NATORP, *Aristippos in Plat. Theait.*, Arch. Gesch. Philos., 1890; S. KNOSPE, *Aristippos Erkenntnistheorie*, Gross Strehlitz, 1902; COLOSIO, *Aristippo di Cirene*, Torino, 1921; A. DUMÉRIL, *Evhémère et l'evhémerisme*, Acc. Sciences Toulhouse,

1893; M. VAN GILS, *Quaestiones Euhemereae*, Amsterdam, 1902; E. MANNEBACH, *Aristippi et cyrenaicorum fragm.*, Diss., Bonn, 1948; R. MONDOLFO, *I cirenaici ed i raffinati del Teeteto*, Riv. filos., 1953; G. GIANNANTONI, *I Cirenaici*, Firenze, Sansoni, 1958.
e) ESQUINES: R. A. APPLEGATE, *The Alcibiades of Aischines of Sphettos*, Diss. Princeton, 1949.

E) HIPÓCRATES E HIPOCRÁTICOS:

FREDRICH, *Hippokratische Untersuchungen*, Philol. Unters., 1899; M. NEUBURGER, *Geschichte d. Medizin*, Stuttgart, 1906; GOSSEN, *Hippokrates* en *Pauly Wissowa Real Encykl.*; HAESER, *Lehrbuch der Gesch. d. Medicin* I; E. CHAVET, *La philos. des médecins grecs;* DAREMBERG, *Hist. des sciences médicales* I; MEYER STEINEG, *Geschichte der Medizin;* J. HIRSCHBERG, *Vorlesungen üb. Hippokratische Heilkunde*, Leipzig, 1922; A. CASTIGLIONI, *Il Volto d'Ippocrate*, Milano, 1925; H. MUSSE, *Hippokrates der Grosse*, Stuttgart, 1926; L. EDELSTEIN, *Greek Medicine in its relations to religion a. magic*, Bull. Inst. Hist. Medic., 1937; G. BAISSETTE, *Hippocrate*, París, Larousse, 1939; H. L. DITTMER, *Konstitutiontypen in Corpus hippocraticum*, diss. Jena, 1940; J. MUELLER, *Der hippokratische Nomos*, Hermes, 1940; M. POHLENZ, *Hippokrates u. d. Begründ. d. wiss. Medizin*, Berlín, 1938 e *Hippokrates Studien*, Gesell, Wiss. Göttingen, 1937; W. A. HEIDEL, *Hippocratic Medicine, its spirit a. method*, New York, Columbia Univ., 1941; W. H. S. JONES, *Philosophy a. medicine in ancient Greece*, Baltimore, Hopkins Pr., 1946; Ch. LICHTENTHAELER, *La médecine hippocratique*, Lausanne, 1948; L. VON BRUNN, *Hippokrates u. d. Meteorol. Medizin*, Gesnerus, 1946-47; J. W. MILLER,

On ancient medicine a. the origin of medicine, Amer. Phil. Ass., 1949; H. DILLER, *Hippokrat. Medizin u. attische Philos.,* Hermes, 1952; A. RUEST, *Monographie der Sprache d. Hippokrat. Traktates Peri aéron hydaton topon,* Freiburg. Schw., 1952; L. BOURGEY, *Observ. et expér. chez les médecins de la Coll. Hippocratique,* París, Vrin, 1953; H. W. MILLER, *Dynamis a. physis in "On ancient medicine"* (Amer. Phil. Ass., 1952), *The concept of the divine in "De morbo sacro"* (Ibid., 1953); O. REGENBOGEN, *Problem um die hippokr. Schrift "De victu acutorum",* Stud. pres. to M. Robinson, Washington Univ., 1951; F. ROBERT, *Hippocrate,* Inform. litter., París, 1953; M, SENDRAIL, *Les sources akkad. de la pensée et meth. hippocr.,* Ann. Fac. Lettr. Toulouse, 1953; G. C. POURNAROPOULOS, *Étud. comp. entre la médic. hippocrat., la méd. des papyrus égypt. et la Méd. de Vedas,* 2° Congr. de méd. hippocr., París, 1953; L. VANNIER, *La trad. hippocr. de l'homéopathie,* ibid.; H. E. SIGERIST, *Die Welt d. Hippohrates,* Gesnerus, 1953; Ch. SINGER, *An early parallel to the hippocrat. oath,* Gesnerus, 1951; R. JOLY, *Valeurs hippocratiques,* Bull. ass. Budé, 1955.

F) PLATÓN Y SUS DISCÍPULOS:

1) OBRAS GENERALES SOBRE VIDA, OBRA, FORMACIÓN ESPIRITUAL Y SITUACIÓN HISTÓRICA DE PLATÓN: Además de las obras anticuadas de GROTE (1863), FOUILLÉE (1879), etc., véanse: C. RITTER, *Platon, sein Leben, seine Schriften, seine Lehre,* Münich, 1910-23; U. VON WILAMOWITZ, *Platon,* 2 vols., 3ª ed., Berlín, 1929; 4ª ed., 1948; J. BURNET, *Platonism,* Berkeley, 1928; A. E. TAYLOR, *Plato, the man a. his work,* 2ª ed. London, 1929; P. FRIEDLA-

ENDER, *Platon,* 2 vols., Berlín, 1928-30 y Berlín, 1954; A. DIES, *Autour de Platon,* 2 vols., 1927, *Platon,* París, 1930 y Athenas, 1955; H. LEISEGANG, *Die Platondeutung d. Gegenwart,* Karlsruhe, 1929; P. SHOREY, *What Plato said,* Chicago, 1933; L. STEFANINI, *Platone,* 2 vols., Padova, 1932-35 (2ª ed., 1949); E. TUROLLA, *Vita di Platone,* Milano, 1939; G. RUDBERG, *Platon,* Lund, 1943; R. H. E. CROSSMANN, *Plato today,* Oxford Univ. Pr., 1939; R. KLIBANSKY, *The continuity of the Platonic tradition dur. the middle age,* London, Warburg Inst., 1939; A. KOYRÉ, *Introd. à la lect. de Plat.,* Le Caire-New York, 1945; P. SHOREY, *Platonism anc. a. modern,* Berkeley, 1938; A. D. WINSPEAR, *The genesis of Plato's thought,* New York, 1940; J. BIDEZ, *Eos ou Platon et l'orient,* Bruxelles, 1945; F. M. CORNFORD, *Plato a. Parmenides,* London, 1939; J. KERSCHENSTEINER, *Platon u. der Orient,* Stuttgart, 1945; R. SIMETERRE, *Introd. à l'étude de Plat.,* París, 1948; K. SCHILLING, *Platon. Einführ in seine Philos.,* Wurzach, 1948; H. CHERNISS, *Aristotle's criticism of Plato,* Baltimore, 1944; E. HOFFMANN, *Plato,* Zürich, 1950; H. LEISEGANG, *Platon,* Pauly's Real Encykl., 1950; C. LIBRIZZI, *I probl. fondam. della filos. di Plat.,* Padova 1950; G. MÉAUTIS, *Platon vivant,* París, 1950; R. KLIBANSKY, *The continuity of the Platon tradit, during the middle age,* 3 ed., London, Warburg Inst., 1951; A. BARBIERI, *Influssi orient. sul pens. di Plat. e dell'ant. Accad.,* Sophia, 1951; R. S. BLUCE, *Plato's life a. thought,* Boston, 1951; A. CAPIZZI, *Studî su Platone,* Rass. filos., 1953; A. CRESSON, *Platon, sa vie, son oeuvre,* 4 ed. París, 1953; G. C. FIELD *Plato a. his contempor.,* 2 ed., London, 1953; R. B. LEVINSON, *In defense of Plato,* Cambridge Mass., Harv. Univ., 1953; H. GAUSS, *Allgem. Einl. in d. platon. Philos.*, Berlín, 1952; P. M. SCHUHL, *L'oeuvre de Platon,* Paris, 1954 (trad. Bs. Aires, 1956); Ph. MERLAN, *From platonism to neoplatonism,* Den Haag, 1953; E. FRANK, *The fundam. oppos. of Plato a. Aristot.* (Collected essays), Zürich, 1955.

2) CUESTIÓN PLATÓNICA (AUTENTICIDAD Y CRONOLOGÍA DE LAS OBRAS) Y PROBLEMAS DEL TEXTO: Además de los estudios más antiguos de AST (1816), HERMANN (1839), ZELLER (1839), SUSEMIHL (1852), SUCKOW (1855), BONITZ (1858-60), UEBERWEG (1861), SCHAARSCHMIDT (1866), TEICHMUELLER (1876 y 1879), ver TOCCO, *Ricerche platon.*, Catanzaro, 1876 y *Quest. platon.*, Studî ital. filol. class. 1894; W. DITTENBERGER, *Sprachliche kriterien f. d. Chronol. d. platon. Dial.*, Hermes, 1881; C. RITTER, *Unters. üb. Plato, d. Echt. u. Chronol d. platon. Schr.*, Stuttgart, 1888 y *Neue Uniers.*, München, 1910; W. LUTOSLAWSKI, *The orig. and growth of Plato's logic,* London, 1897 y 1905; GOEDECKEMEYER, *Die Reihenfolge d. Platon. Schr.*, Arch. Gesch. Philos., 1909; H. VON ARNIM, *Sprachl. Forsch. z. Chronol. d. platon. Dial.*, Ak, Wiss. Wien, 1912; J. CHEVALIER, *La succession chronol. des dial. plat. (La notion de nécess. chez Arist. et Platon),* París, 1915; L. BILLIG, *Clausulae a. platon. chronol.,* Journ., of Philol., 1920; R. SCHAERER, *La question platonicienne* Neuchatel-Paris, 1938; M. DE CORTE, *La quest. platon.*, París, 1938; G. PASQUALI, *Le lettere di Platone,* Firenze, 1938; G. JACHMANN, *Der Platontext,* Götting, Gesellsch, 1942; E. BICKEL, *Gesch. u. Recensio des Platontextes,* Rhein. Mus., 1943; P. SIMETERRE, *La chronol. des oeuvres de Platon;* Rev. ét. gr., 1945.

3) FILOSOFÍA PLATÓNICA EN CONJUNTO (además de las obras citadas al n. 1): W. PATER, *Platon a. Platonism,* London, 1893; H. BONITZ. *Platon. Studien,* Berlín, 1886; WINDELBAND, *Platon,* 4 ed., Stuttgart, 1905 (trad. ital., Palermo, Sandron); Ch. PIAT, *Platon,* París, 1935; P. SHOREY, *The unity of Plato's thought,* Chicago, 1903; A. E. TAYLOR, *Varia Socrática,* Oxford, 1911; H. RAEDER, *Platons philos. Entwicklung,* Leipzig, 1920; L. ROBIN, *Platon,* París, 1935; G. M. A. GRUBE, *Plato's thought,* London, 1935; A. FERRO, *La filos. di Platone,* Roma, 1932; BIERENS DE HAAN, *Plato's levensleer,* Haarlem, 1936; A. DEWES WINSPEAR, *The genesis of Plato's thought,* New York, 1941; R. DEMOS, *The philos. of Plato,* New York, 1939; E. FRANK, *The fondam. oppos. of Plato a. Arist.,* Amer. Journ. Philol., 1940; J. MOREAU, *La construct. de l'idéalisme platon.,* París, 1939; P. SHOREY, *Platonism ancient a. modern.* Berkeley, 1938; J. HESSEN, *Platonismus u. Prophet.,* München, 1939; A. KOYRÉ, *Introd. á la lect. de Platon,* New York; G. KRUEGER, *Einsicht u. Leidenshaft. Das Wesen d. platon, Denkens,* Frankfurt, 1939; G. C. FIELD, *The philos. of Plato,* Oxford Univ. Pr. 1949 (Trad. alem., Stuttgart, 1951); J. MOREAU, *Réalisme et idéalisme chez Platon,* París, 1951; A. OLERUD, *L'idée de macrocosmos et microc. dans le Timée,* Diss. Uppsala, 1951; R. A. LORIAUX, *L'être et la forme selon Platon,* Bruges, 1955; V. GOLDSCHMIDT, *Sur le probl. du "système de Platon",* Riv. crit. st. filos., 1950.

4) IDEAS Y NÚMEROS IDEALES; DIALÉCTICA Y GNOSEOLOGÍA: P. NATORP, *Platos Ideenlehre,* Leipzig, 1903 y 1921; S. MARCK, *Die platon. Ideenlehre im ihren Motiven,* Münich, 1912; L. ROBIN, *La théorie platon. des idées et des nombres,* París, 1908; J. CHEVALIER, *La no-*

tion du nécess. chez Aristote et Platon, París, 1915; CAPONE BRAGA, *Il mondo delle idee*, Città di Castello 1928-33; M. GENTILE, *La dottr. platon, delle idee numeri*, Pisa, 1930; J. STENZEI, *Studien z. Enwickl. d. platon. Dialektik*, Leipzig, 1931, y *Zahl u. Gestalt bei Platon u. Aristoteles*, Leipzig, 1933; R. ROBINSON, *Plato's earlier Dialectic*, Ithaca, 1944, y Oxford, 1953; P. BROMMER, *Eidos et idea*, Assen, 1940; J. STENZEL, *Plato's method of dialektik*, Oxford, 1940; B. PARAIN, *Essai sur le logos platon.*, Thèse París, 1942; W. VAN DER WIELEN, *De ideegetalten van Plato*, Amsterdam, 1941; V. GOLDSCHMIDT, *Les dial. de Platon: struct. et méth. dialect.*, París 1947, *Le paradigme dans la dialect. platon.*, París, 1947; P. GRENET, *Les orig. de l'analogie philos. dans les dial. de Platon*, París, 1949; B. LIEBRUCKS, *Platons Entwickl. zur Dialektik*, Frankfurt, 1949; M. HEIDEGGER, *Platons Lehre von d. Wahrheit*, Bern, 1947; P. KUCHARSKI, *Le chemin du savoir dans les dern. dial. de Plat.*, París, 1949; A. DE MARIGNAC, *Imagin. et dialectique. Ess. sur l'expr. du spirit. dans les dial. de Plat.*, París, 1951; W. D. ROSS, *Plato's theory of ideas*, Oxford, 1951; W. J. VERDENIUS, *Mimesis Plato's doctrine of imit.*, Leiden, 1949; E. FREEMAN a. D. APPEL, *The great ideas of Plato*, New York, 1952; J. DERBOLAY, *Erkenntnis u. Entscheid. bei Platon*, Wien, 1954.

5) METAFÍSICA, RELIGIÓN, COSMOLOGÍA: CHIAPPELLI, *L'interpret. panteistica di Platone*, Firenze, 1881; A. LEVI, *Sulle interpret. immanentistiche della filos. di Platone*, Torino, 1920; F. M. SCIACCA, *La metafisica di Plat.*, Napoli, 1938; P. BOVET, *Le Dieu de Platon*, Génève, 1902; P. E. MORE, *The religion of Plato*, Princeton, 1921; A. J. FESTUGIÈRE, *Contemplation et vie contempl. selon Platon*, París, 1936 y 1950; H. BARTH, *Die Seele in*

d. *Philos. Platons,* Tübingen, 1921; L. ROBIN, *La théorie platon. de l'amour,* París, 1907 y 1933; H. SCHOLZ, *Eros u. Charitas,* Halle, 1929; F. SOLMSEN, *Plato's Theology,* Ithaca, 1942; J. MOREAU, *L'âme du monde de Platon aux Stoïciens,* París, 1939; W. C. GREENE, *God in Plato's theology,* Class. Weekly, 1941-42; H. PERLS, *Platon, sa concept. du kosmos,* New York, Mais. franç., 1945; R. SCHAERER, *Dieu, l'homme et la vie d'après Platon,* Neuchâtel, 1944; W. SZILASI, *Macht u. Ohnmacht des Geistes,* Bern., 1946; O. REVERDIN, *La religion dans la cité platon.,* París, De Boccard, 1945; J. B. SKEMP, *The Theory of motion in Plato's lat. dial.,* Cambridge, 1942; W. GOLDSCHMIDT, *La religion de Platon,* París, 1949, *Theologia,* Rev. et gr. 1950; C. G. RUTENBERG, *The doctr. of the imit. of God in Plato,* Oxford Univ. Pr., 1946; K. HILDEBRANDT, *Platone; La lotta dello spirito per la potenza,* Torino, Einaudi, 1947; N. J. BOUSSOULAS, *L'être et la compos. des mixtes dans le Philèbe,* París, Press. Univ., 1952; P. BOYANCÉ, *La relig. astrale de Platon à Ciceron,* Rev. et. gr. 1952; C. LIVRIZZI, *I probl. fondam. della filos. di Plat.,* Padova, 1950; S. PETREMENT, *Le duálisme chez Platon, les gnost., les manichéens,* Paris, 1947.

6) ANTROPOLOGÍA, ÉTICA, POLÍTICA, PEDAGOGÍA, ESTÉTICA: BROCHARD, *La morale de Platón (Ét. de phil. anc. et mod.,* París, 1926); H. MEYER, *Platon u. die Aristot. Éthik,* München, 1920; J. STENZEL, *Das Problem d. Willensfreiheit im Platonismus,* Die Antike, 1928; E. BARKER, *Greek polit. theory: Plato a. his predecessors,* Londres, 1918; L. ROBIN, *Platon et la science sociale,* Rev. Met. mor., 1913; W. JAEGER, *Die griech. Staatsethik im Zeitalter Platons,* Die Antike, 1934; F. OLLIER, *Le mirage spartiate. Étude sur l'idéalisation de Sparte,* etc., Paris,

1925; B. VON HAGEN, *Plato als ethischer Erzieher*, Langensalza, 1926; W. JARGER, *Platos Stellung im Aufbau d. griech. Bildung*, Berlín, 1928, *Paideia* II-III; J. STENZEL, *Plato der Erzieher*, Leipzig, 1928 (Trad. it. y españ.); F. STAEHLIN, *Die Stellung d. Poesie i. d. platon. Philos.*, München, 1901; W. C. GREENE, *Plato's view of poetry*, Harvard stud., 1918; G. COLIN, *Platon et la poésie*, Rev. ét. gr., 1928; H. PERL, *Étude sur l'esthét. de Plat.*, Rev. philos., 1934; P. M. SCHUHL, *Platon et l'art de son temps*, París 1933 y 1952; L. A. STELLA, *Influssi di poesia e d'arte nell' opera di Platone*, Milano, 1933-34; M. GENTILE, *La politica di Platone*, Padova, 1940; P. LOUIS, *Les métaphores de Platon*, París, 1946; J. WILD, *Plato's theory of man*, Cambridge Mass., Harv. Univ., 1946; K. R. POPPER, *The open society a. its ennemies*, London, 1945 y 1956; P. M. SCHUHL, *Étude sur la fabulation platon.*, París, 1947; R. C. LODGE, *Plato's theory of education*, London, 1947; P. LACHÉZE REY, *Les idées mor. soc. et polit. de Platon*, 2ª ed. París, 1951; Th. BALLAUF, *Die Idee der Paideia. Stud. z. Platon*, etc., Meisenheim. a. Glan, 1952; H. H. GROOTHOFF, *Unters. ü. d. philos. Wesenbestimmung d. Kunst bei Plato u. Arist.*, Diss. Kiel, 1951; R. C. LODGE, *Plato's theory of art*, London, 1953; BIERENS DE HAAN, *Plato levensleer. Logos, ethos, pathos*, Haarlem, 1954; J. GOULD, *The developm. of Plato's ethics*, Cambridge Univ. Pr. 1955; M. A. ANDRONIKOS, *Platon kai techne*, Thessalonica, 1952.

7) CIENCIAS MATEMÁTICAS EN PLATÓN: G. MILHAUD, *Les philosophes géomètres de la Grèce: Platon et ses prédéc.*, París, 1900 y 1934; E. SACHS, *De Theaeteto mathem.*, Berlín, 1914 y *Die fünf Platon. Körper*, Berlín, 1917; E. FRANK, *Plato u. d. sogen. Pythagor.*, Halle,

1923; A. RIVAUD, *Études platoniciennes: le syst. astron. - Platon et la musique*, Rev. hist. philos., 1928-29; K. VON FRITZ, *Theaitetos y Theodoros* en Pauly Wissowa Real Encycl.; S. DEMEL, *Platons Verhältn. z. Matkem.*, Leipzig, 1929; A. DIÉS, *Le nombre de Platon*, Accad. Inscr. et B. Lettres, París, 1936; Z. JORDAN, *Des fondem. mathém. du syst de Platon*, Poznan., 1937; Ch. MUGLER, *Platon et la rech. mathém. de son époque*, Strassbourg, 1948; H. CHERNISS, *Plato as Mathematician*, Rev. of Metaph., 1951; R. S. BRUMBAUGH, *Plato's mathemat. imagination*, Indiana Univ. Pr., 1954.

8) Sobre particulares argumentos y diálogos y las cartas, la literatura crítica es inmensa, tal como puede verse en las bibliografías de Ueberweg y de Marouzeau. Citamos unos pocos ejemplos principales: E. PACI, *Il significato del Parmenide nella filos. di Plat.*, Messina, 1938; G. PASQUALI, *Le lettere di Platone*, Firenze, 1938; V. GOLDSCHMIDT, *Essai sur le Cratyle*, París, 1940; M. CROISET, *La République de Platon, Étude et analyse*, Paris, 1946; N. R. MURPHY, *The interpret. of Plato's Republ.* Oxford, Clar. Pr., 1951; H. GAUSS, *Handkommentar zu d. Dialogen Platos*, Bern, Lang, 1952.

9) ACADEMIA Y PRIMEROS DISCÍPULOS DE PLATÓN: F. W. BOSSELL, *The school of Plato, its origin, developpment*, etc., London, 1896; E. HOWALD, *Die platon. Akad. u. die mod. Univers. Litter.*, Zürich, 1921; H. HERTER, *Platons Akademie*, Univ. Bonn, 1944 y 1952; H. CHERNISS, *The riddle of the early Academy*, Berkeley, 1945; E. B. ARMSTRONG, *Plato's Academy*, Leeds Philos. Soc., 1953; J. ZUERCHER, *Corpus academicum y Lexicon Academicum*, Paderborn, 1954; D. A. REE, *Bipart, of the soul in the early Acad.*, Journ. Hell. stud., 1957.

Discípulos:
a) ESPEUSIPO: P. LANG, *De Speusippi Acad. scriptis* (acced. fragmenta), Bonn, 1911; *Ethnos logos et le logophores,* dial. (d'après un papyr. de Fayoum) par NEWCASTLE, Rev. Numism., Paris, 1940.
b) JENÓCRATES: R. HEINZE, *Xenokrates, Darstellung der Lehre und Samml. der Fragm.,* Leipzig, 1892; P. BOYANCÉ, *Xénocrate et les orphiques,* Rev. ét. anc., 1948.
c) HERACLIDES PÓNTICO: O. VOSS, *De Heraclidis Pontici vita et scriptis,* Rostock, 1896; M. S. HENDERSON, *The growth of the Greek Harmoniai* (Heraclides Pont.), Class. Quart., 1942; B. L. VAN DER WAERDEN, *Die Astron. des Heraklides von Pontos,* Ak. d. Wiss, zu Leipzig, 1944; A. PANNEKOCK, *The astronomical system of Herakleides,* Nederl. Akad. van Wet., 1952.
d) EUDOXOS DE CNIDO: K. VON FRITZ, *Die Ideenlehre des Eudox. von Knid. u. ihr Verhältn. zur platon. Ideenlehre,* Philol. 82,1; A. LESSMAT, *L'ancienne astron. d'Eudoxe à Descartes,* París, 1937; J. H. THIEL, *Eudoxus von Cyzicus,* Amsterdam, 1939; W. SCHADEWALDT, *Eudoxos vom Knidos u. die Lehre vom umbewegten Beweger,* Festschrift Weinreich, 1950; G. DE SANTILLANA, *Eudoxus and Plato,* Isis, 1940-43.
e) POLEMÓN: K. VON FRITZ, *Polemon, philos. d. alt. Akad.,* Pauli's Real Encycl., 1952.

G) ARISTÓTELES Y SUS DISCÍPULOS:

1) OBRAS SOBRE LA VIDA, LAS OBRAS Y EL PENSAMIENTO DE ARISTÓTELES: G. GROTE, *Aristotles,* 2 vols., London, 1872 (inconcluso); SIEBECK, *Aris-*

toteles, Stuttgart, 1890, 3ª ed., 1910 (trad. ital., Palermo, 1911); C. PIAT, *Aristote,* París, 1903; F. BRENTANO, *Aristot. u. seine Weltanschauung,* Leipzig, 1911; W. JAEGER, *Aristoteles,* Berlín 1923 y 1955 (trad. ital., 1935, inglesa, 1934, castellana 1946); W. D. ROSS, *Aristotle,* Oxford, 1923 (trad. franc. e ital., 1946); Ch. LALO, *Aristote,* París, 1923; J. BURNET, *Aristotle,* London, 1924 (trad. alem., 1938); L. ROBIN, *Aristote,* París, 1944; A. E. TAYLOR, *Aristotle,* London, Nelson, 1946; P. GOHLKE, *Aristoteles u. soin Werk,* Paderborn, 1949; I. DURING, *Notes on the history of the Transmission of Aristotle's writings,* Göteborg, 1950; P. MORAUX, *Les listes anciennes des ouvrages d' Aristote,* Louvain Université, 1951; D. J. ALLAN, *The philos. of Aristotle,* Oxford, Univ. Pr. 1952 (trad. alem., 1955); Ph. WHEELWRIGHT, *Aristotle,* New York, 1951; J. ZUERCHER, *Aristoteles Werk und Geist,* Paderborn, 1952; J. VAN DER MEULEN, *Aristoteles,* Meisenheim, 1951; P. THIELSCHER, *Die relat. Chronol. d. erhalt. Schriften d. Aristoteles,* Philol., 1948; F. GRAYEFF, *The probl. of the genesis of Aristotle's text.,* Phronesis, 1956; J. DÜRING, *Arist. in the anc. biograph. tradit.,* Göteborg, 1957.

2) SOBRE SU SISTEMA Y LA EVOLUCIÓN DE SU PENSAMIENTO: A. GOEDECKEMEYER, *Die Gliederung der aristot. Philos.,* Halle a. S., 1912; O. HAMELIN, *Le système d'Aristote,* París, 1920; E. ROLFES, *Die Philos. d. Arist.,* Leipzig, 1923; W. JAEGER, *Arist.* cit. y *Entstehungsgeschichte d. Metaph. d. Arist.,* Berlín, 1912; J. L. STOCKS, *Aristotelianism,* Boston, 1925; R. MUGNIER, *La théorie du prem. moteur et l'évolution de la pensée aristotél.,* París, 1930; E. BIGNONE, *L'Aristotele perduto,* etc., 2 vols., Firenze, 1936; A. CARLINI, *Studi aristotelici,*

Logos, 1939; F. J. C. J. NUYENS, *Ontwikkelingsmomenten in de Zielkunde vom Aristoteles*, Nijmegen, 1939; K. BRZOSKA, *Die Formen des aristotel. Denkens*, Frankfurt, 1943; G. LAZZATI, *L'Aristotele perduto e gli scrittori cristiani*, Milano, 1938; K. REIDEMEISTER, *Das System des Aristoteles*, Leipzig, 1943; J. BIDEZ, *A la recherche des épaves de l'Aristote perdu*, Bruxelles, 1943; *An Index to Aristotle*, by T. W. ORGAN, Princeton, 1949; P. WILPERT, *Zwei aristotelische Frühschriften über die Ideenlehre*, Regensburg, 1949; H. E. RUNNER, *The development of Aristotle*, Diss. Amsterdam, Kampen Kock, 1951; I. DUERING, *Problems in Aristotle's Protrepticus*, Eranos, 1954; P. GOHLKE, *Die Entstehung d. aristotel. Prinziplehre*, Tübingen, 1954; J. ZUERCHER, *Aristoteles'Werk u. Geist unters. u. dargest.*, Paderborn, 1952; H. BONITZ, *Index Aristotelicum*, Nachdr., Berlín Abad, 1955, P. MORAUX, *à la rech. de l'Arist. perdu*, etc., Louvain, 1957.

3) COLECCIONES DE ESTUDIOS ARISTOTÉLICOS: H. BONITZ, *Aristotelische Studien* I-V, Wien, 1862-67; TEICHMUELLER, *Aristotel, Forschungen*, 3 vols., Halle 1867-73; L. COOPER, *Aristotelian papers*, Ithaca, Cornell Univ., 1939; O. GIGON, *Aristoteles Studien*, Mus. Helvet, 1952; R. STARCK, *Aristoteles Studien*, München, Beck, 1954; *Autour d'Aristote*, Public. de l'Univ. de Louvain, 1955.

4) RELACIONES CON EL IDEALISMO PLATÓNICO Y LA FILOSOFÍA ANTERIOR Y FORTUNA HISTÓRICA: TEICHMUELLER, *Studien zur Gesch. d. Begr.*, Berlín, 1874; A. E. TAYLOR, *Aristotle and his predecessors*, London, 1907; J. M. WATSON, *Aristotle's criticism of Plato*, Oxford, 1909; Ch. WERNER, *Aristote et l'idéalisme platonicien*, París, 1910; L. ROBIN, *La théorie*

platon. des idées et des nombres d'après Aristote, París, 1908; P. ROTTA, *Del platonismo in Aristotele*, Varallo Sesia, 1922; J. STENZEL, *Zahl und Gestalt bei Platon u. Aristoteles*, Leipzig, 1924; M. GENTILE. *La dottrina platonica dei numeri e Aristotele*, Pisa, 1930; H. CHERNISS, *Aristotle's criticism of presocratic philosophy*, Baltimore, 1935, y *Aristotle's criticism of Plato and Academy*, I, Baltimore, 1944; F. ENRIQUES y G. DE SANTILLANA, *Platon et Aristote*, París, 1937; E. FRANK, *The fundam. opposition of Plato a. Aristotle*, Amer. Journ. Philol., 1940; I. DUERING, *Notes on the history of the transmission of Aristotle's writings*, Göteborg, 1950; C. LA CORTE, *L'odierno Corpus aristotelicum e postaristot.*, Giorn. crit. filos. it., 1952; P. MORAUX, *Les listes anciennes des ouvrages d'Aristote*, Louvain Univ., 1951; G. S. CLAGHORN, *Aristotles criticism of Plato's Timaeus*, Diss. Univ. Pennsylvania, 1953 (Den Haag, 1954); H. D. SAFFREY, *Le Perì philosophias d'Aristote et la théorie platon. des idées nombres*, Leiden, Brill., 1955; P. WILPERT, *Die Stell. d. Schrift ueb. d. Philos. in d. Gedankenentwickl. d. Arist.*, Journ. Hell. Stud., 1957.

5) DOCTRINAS METAFÍSICAS Y RELIGIOSAS: RAVAISSON, *Essai sur la métaphysique d'Aristote*, París, 1838-46, reed. 1913; BARTHÉLEMY ST. HILAIRE, *De la Métaphysique*, etc., introd. *à la Métaph. d'Aristote*, París, 1879; E. ROLFES, *Die aristot. Auffassung d. Verhältn. Gottes zum Welt und z. Menschen*, Berlin, 1892; A. COVOTTI, *Le due Metafisiche di Aristotele*, Riv. filol., class, 1896; W. A. HEIDEL, *The necessary a. the contingent in the Aristot. system*, Chicago, 1896; W. JAEGER, *Entstehungsgeschichte d. Metaph d. Aristot.*, Berlín, 1912; A. BOEHM, *Die Gottesidee bei Arist.*, Strassburg, 1911; J.

CHEVALIER, *La notion du nécessaire chez Arist.*, París, 1915; A. CARLINI, *Il problema religioso nel pens. di Arist. (Scritti filos.* in onore di B. Varisco, Firenze, 1925); H. VON ARNIM, *Die Entstehung d. Gotteslehre d. Aristot.*, Ak. Wiss. Wien, 1931; K. C. GUTHRIE, *The development of Aristotle's theology*, Class, Quart., 1933; M. GENTILE, *La posiz. del probl. dell'essere nella Metaf. d'Arist.*, Riv. filos. neoscol., 1935; M. BOUSSET, *Sur la théol. d'Aristote*, Rev. tom., 1938; A. CARLINI, *Studî aristotelici*, Logos, 1938; E. OGGIONI. *La filosofia prima di Arist.*, Milano, 1939; F. X. MECHAN, *Efficient causality in Aristotle and St. Thomas*, Washington, Cathol. Univ., 1940; J. B. SULLIVAN, *An exam. of first principles in the light of Aristotle a. St. Thomas*, Washington, Cath. Univ., 1939; H. WEISS, *Kausalität u. Zufall in d. Philos. d. Arist.*, Diss. Basel, 1942 (Berlin, 1946); W. J. VERDENIUS und J. H. WAVZINK, *Aristotle on coming-to-be and passing-away*, Leiden, Brill, 1946; Ph. MERLAN, *Aristotle's unmoved Movers*, Traditio, 1946; A. LEVI, *Il concetto del tempo in Aristotele*, Athenaeum, 1948; C. GIACON, *Il divenire in Aristotele*, Padova, 1947; J. OWEN, *The doctrine of being in the Aristot. Metaphysic*, Toronto, Pontif. Inst. of mediaev. Stud., 1951; A. SMEETS, *Act en potentie in de Metaph. van Aristot.*, Univ. Louvain, 1952; O. HAMELIN, *La théorie de l'intellect d'après Arist. et ses comment.*, París, Vrin, 1953; F. RAVAISSON, *Essai sur la métaph. d'Aristote: Fragm. du III tome*, París, Vrin, 1953; W. MARX, *The meaning of Aristotle's ontology*, Den Haag, 1954; M. WUNDT, *Untersuch. zur Metaph. d. Aristoteles*, Stuttgart, 1953; Ph. MERLAN, *Metaphysik, Name u. Gegenstand*, Journ. Hell. Stud., 1957.

6) LÓGICA Y GNOSEOLOGÍA: A. TRENDELENBURG, *Geschichte der Kategorienlehre*, Berlín, 1846; *Elementa logices aristot.*, Berlin, 1836 y 1892; *Erläuter.*, Berlin, 1842 y 1876; K. PRANTL, *Ueb. Entwickl. d. aristotel. Logik*, München, Akad., 1853; FONSEGRIVE, *Théorie du syllogisme*, Fac. lettres Bordeau, 1881; P. RAGNISCO, *Il principio, di contrad. in Aristot.*, Filos. scuole ital. 1892; H. MAYER, *Die Syllogistik d. Aristot.*, 3 vols., Tübingen, 1896-1900; L. BRUNSCHVICG, *Qua ratione Arist. metaph. vim syllogismo inesse demonstr.*, París, 1897; G. VAILATI, *La teoria aristotel. della definizione*, Riv. filos., 1903; U. DELA SETA, *La dottr. del sillog. in Aristot.*, Roma, 1911; J. CHEVALIER, *La notion du nécess. chez Aristote*, París, 1915; J. GEYSER, *Die Erkenntnistheor. d. Arist.*, Münster, 1917; M. LOSACCO, *Storia della dialettica*, Firenze, 1922; P. SHOREY, *The origin of the syllogism*, Class. Phil., 1924; E. HOFFMANN, *Die Sprache und die archaïsche Logik*, Tübingen, 1925; G. CALOGERO, *I fondamenti della logica aristot.*, Firenze, 1927; F. SOLMSEN, *Die Entwickl. d. Arist. Logik u. Rhetor.*, 1935; P. GOHLKE, *Die Entstehung der aristot. Logik*, 1936; W. D. ROSS, *The discovery of Syllogism*, Class. Phil., 1939; J. M. LEBLOND, *Logique et méthode chez Aristote*, París, 1939; *Eulogos ou l'argument de la convenance chez Aristote*, Paris, 1939; N. HARTMANN, *Aristot. u. das Problem des Begriffs*, Preuss. Akad. Wiss., 1939; G. DELLA VOLPE, *Il principio di contrad. e il concetto di sost. prima in Arist.*, Bologna, 1939; A. MANSION, *Le jugement d'existence chez Aristote*, Louvain, 1946. J. LUKASIEWICZ, *Aristotle's syllogistic from the standpoint of modern formal logic*, Oxford, Clarendon Press, 1951; J. P. ANTON, *The doctrine of contrariety in Aristotle's philos. of process*, Diss.

Columbia Univ., 1954; K. ULMER, *Wahrheit, Kunst u. Natur bei Aristoteles,* Tübingen, 1953; L. BOURGEY, *Observation et expérience chez Aristote,* París, Vrin, 1955; R. MONDOLFO, *L'unité du sujet dans la gnoséol. d'Aristote,* Rev. philos., 1953; A. C. LLOYD, *Neoplaton. logic a. aristot. logic,* Phronesis, 1955-56.

7) DOCTRINAS CIENTÍFICAS, FÍSICAS Y MATEMÁTICAS: G. H. LEWES, *Aristotle, a chapter from the history of science,* London, 1864; Ch. LÉVEQUE, *La physique d'Arist.,* París, 1863; F. BRENTANO, *Aristoteles u. seine Weltanschauung,* Lipsia, 1911; A. MANSION, *Introd. à la physique d'Aristote,* París, 1913 y 1945; E. NEUBAUER, *Der arist. Formbegriff,* Heidelberg, 1909; Ch. HUIT, *La philos. de la nature chez les anciens,* París, 1901; D. NEUMARK, *Materie u. Form bei Aristot.,* Berlín, 1913, y Arch. Gesch. d. Philos., 1911-13; BAUDIN, *L'acte et la puissance dans Aristote,* París, 1900; H. BERGSON, *Quid Aristot. de loco senserit,* París, 1889 y 1949; A. COVOTTI, *Le teorie dello spazio e del tempo fino ad Aristotele,* Pisa, 1897; G. WUNDERLE, *Die Lehre d. Arist. von d. Zeit,* Fulda, 1908; O. GILBERT, *Die meteorol. Theorien d. griech. Altert.,* Leipzig, 1907; W. CAPELLE, *Zur meteorol. Literat. d. Griechen,* Hamburg, 1912; H. MEYER, *Der Entwicklungsgedanke bei Arist.,* Bonn, 1909; N. KAUFFMANN, *Die Teleolog. Naturphilos. bei Arist.,* Paderborn, 1893; A. EDEL, *Aristotle's Theory of the infinite,* 1934, R. MONDOLFO, *L'infinito nel pens. dei Greci,* Firenze, 1934 y 1956 (ed. castellana, Bs. Aires, 1954); G. SCHIAPARELLI, *Le sfere omocentriche di Eudosso, Callippo ed Aristotele (Scritti sulla storia dell'astron. antica,* Bologna, 1924); MILHAUD, *Aristote et les mathématiques,* Arch. Gesch. Philos., 1903; J. L. HEIBERG.

Mathematisches zu Aristot., Abh. z. Gesch. d. mathem. Wiss., 1904; A. MANSION, *La physique aristot. et la phys. néoscholast.*, Louvain, 1936; Th. HEATH, *Mathematics in Aristotle*, Oxford, Clarendon Press., 1949; J. TONQUEDEC, *Questions de cosmol. et de physique chez Aristote et St. Thomas*, Paris, Vrin, 1950; H. G. APOSTLE, *Aristotle's philosophy of mathematics*, Chicago, Univ. Pr., 1952, y Cambridge Univ. Pr., 1955; W. JAEGER, *Arist.'s use of medicine as a model of method in his ethics*, Journ. Hell. Stud., 1957.

8) DOCTRINAS BIOLÓGICAS Y PSICOLÓGICAS: G. POUCHET, *La biologie d'Aristote*, Paris, 1885; D'ARCY W. THOMPSON, *On Arist. as a biologist*, London, 1913; F. BOLL, *Die Lebensalter*, Leipzig, 1913; F. BRENTANO, *Psychologie d. Aristat.*, Mainz, 1867; A. E. CHAIGNET, *Essai sur la psychol. d'Aristote*, Paris, 1885; E. ROLFES, *Der Beweis des Aristot. für d. Unsterblichk. d. Seele*, Jahrb. f. Philos. u. Theol., 1895; *Die substantiale Form u. d. Begriff d. Seele bei Arist.*, Paderborn, 1896; F. BRENTANO, *Aristot. Lehre von Urspr. d. menschl. Geistes*, Leipzig, 1911; B. KELLERMANN, *Das Nusproblem, Philos. Abhand. H. Cohen*, Berlin, 1912; E. BIGNONE, *L'Aristotele perduto*, cap. III, appendice; M. DE CORTE, *La défin. aristot. de l'âme*, Rev. Thomiste, 1939; C. SHUTE, *The psychology of Aristotle*, New York, Columbia Univ., 1941; F. NUYENS, *L'évolution de la psychol. d'Aristote*, Louvain, 1948 (Paris, Vrin); H. D. P. LEE, *Place-names a. the date of Aristotle's biological works*, Class. Quart, 1948; A. M. CANTINI, *L'âme sensitive d'après le De anima d'Aristote; L'intellig. selon Aristote; L'évolut. d'Arist. en psychologie; Le nombre des sens externes d'après Arist.*, Laval Theol. et philos., Québec, 1947-51; G. SOLERI,

L'immortalità dell'anima in Arist., Torino, 1952; R. MONDOLFO, *La comprensión del sujeto humano en la cultura antigua*, Buenos Aires, 1955.

9) DOCTRINAS ÉTICAS, POLÍTICAS, PEDAGÓGICAS Y DE HISTORIA DE LA CULTURA: EUCKEN, Ueb. *d. Methode und d. Grundl. der aristot. Ethik*, Frankfurt a. M., 1870; L. OLLÉ LAPRUNE, *Essai sur la morale d'Aristote*, París, 1881; F. M. ZANOTTI, *La filos. morale d'Arist.*, Torino, 1883. S. FERRARI, *L'etica a Nicomaco*, Mantova, 1887, y *L'etica di Aristotele*, Torino, 1888; J. STEWART, *Notes on the Nicom. Ethics*, 2 vols., Oxford, 1893; Th. MARSHALL, *Aristot. theory of conduct*, London, 1906; H. MEYER, *Platon u. die aristotel. Ethik*, München, 1919; A. GOEDECKE MEYER, *Aristot. praktische Philos. (Ethik u. Politik)*, Leipzig, 1922; H. VON ARNIM, *Die drei aristot. Ethiken*, Wien, 1925; R. WALZER, *Magna moralia u. aristot. Ethik*, Berlin, 1929; G. ZUCCANTE, *Aristotele e la morale*, Firenze, 1926; W. ONCKEN, *Die Staatslehre des Aristoteles*, 2 vols., Leipzig, 1870-75; A. C. BRADLEY, *Die Staatslehre d. Arist.* (trad. del inglés), Berlín 1886; J. SCHVARCZ, *Staatsformenlehre d. Arist.* etc., Leipzig, 1884; *Kritik des Staatsformenlehre d. Arist.*, 2ª ed., Eisenach, 1901; WILAMOWITZ MOELLENDORFF, *Aristoteles und Athen*, 2 vols., Berlin, 1893; G. MATHIEU, *Aristote, Constit. d'Athènes*, Paris, 1915; TALAMO, *Il concetto della schiavitù da Arist. ai dottori scalast.*, Roma, 1908; BARKER, *The political thought of Plato a. Arist.*, New York, 1908; M. DEFOURNY, *Aristote: Théorie économique et politique sociale*, Louvain, 1914; *Aristote et l'évolution sociale*, 1924; E. PASSAMONTI, *Le idee pedagogiche di Arist.*, Riv. ital. di filos., 1891; J. BURNET, *Aristotle on education*, Cambridge, 1904; O. WILLMANN, *Aristot. als Paedagog u. Didakter*, Berlin,

1909; M. Defourny, *Aristote et l'éducation,* Louvain, 1910; H. von Arnim, *Zur Entstehungsgeschichte der aristot. Ethik* y *Zur Entstehungsgesch. d. arist. Politik,* Wien Ak. Sitz. Ber., 1924-26; L. Cooper a. P. Gudeman, *A bibliography of the Politics of Aristote,* Yale Univ., 1928; E. Elorduy, *Los Magna moralia de Aristoteles,* Emerita, 1939; E. J. Schaecher, *Studien zu den Ethiken des Corpus aristotelicum,* Paderborn, 1940; W. Siegfried, *Untersuch. zur Staatslehre d, Aristot.,* Zürich, 1942; J. Léonard, *Le bonheur chez Aristote,* Acad. Belg., 1948; Harris Olmsted, *The moral sense aspect of Aristotle's ethical theory,* Amer. Journ. Philol., 1948; J. Marías, *Sobre la política de Aristóteles,* Rev. estud. polit., 1950; M. Hamburger, *Morals and law. The growth of Aristotle's legal theory,* New Haven, Yale Univ., 1951; K. Brzoska, *Die Formen d. Aristotel. Denkens u. d. eudemische Ethik,* Frankfurt, Klostermann, 1943; M. Dal Pra, *La storiografia filos. antica,* Torino, 1950; A. Grilli, *La posiz. di Aristotele, Epicuro e Posidonio nei confr. della storia della civiltà,* Ist. Lomb., 1953; O. Gigon, *Die Geschichtlichkeit der Philosophie bei Aristoteles,* Arch. filos., 1954; R. Mondolfo, *Veritas filia temporis in Aristotele (Studî filos.* dedic. a B. Varisco, Firenze, 1926); *Alle origini della filos. della cultura,* Bologna, 1956; *La comprensión del sujeto humano en la cultura antigua,* parte III y IV, Bs. Aires, 1955; D. J. Allan, *Magna moralia a. Nicom. Ethics.,* Journ. Hellen Stud., 1957; W. C. Guthrie, *Arist. as historian of philos.,* Journ. Hell. Stud., 1957.

10) TEORÍAS ESTÉTICAS, POÉTICAS, RETÓRICAS: J. Vahlen, *Beiträge zu Aristot. Poëtik,* 1865-67 y Leipzig, 1914; Doering, *Die Kunstlehre d. Aristot.,* Jena, 1876; L. Spengel, *Poëtik (Aristot. Studien),* Ak. Wiss. München, 1867; Teichmueller, *Beitr. zu Erkl. d. Poëtik y Aristot.*

Philos. der Kunst (Aristotel. Forsch.), Halle, 1867-69; Th. GOMPERZ, *Aristoteles, Lessing u. Goethe üb. d. Princip. d. Trag.*, Leipzig, 1887; Z. *Lehre d. Aristot. Wesen d. Kunst* (Festschr. Friedländer), Leipzig, 1895; Ch. BÉNARD, *L'esthet. d'Aristote*, París, 1889; G. A. BUTCHER, *Aristotle's Theory of poetry a. fine arts.*, 3ª ed., London, 1907; F. MARX, *Aristot. Rhetorik*, Sachs. Gesellsch., 1900; G, FINSLER, *Platon u. die aristot. Poetik*, Leipzig, 1900; G. GALATI MOSELLA, *La genesi e il caratt. fondam. della Poetica di Arist.*, Palermo, 1910; M. VALGIMIGLI, *Introd. alla Poetica di Arist.*, Bari, 1916; A. ROSTAGNI, *Aristotele e aristotelismo nella storia dell'estet. antica*, Studî ital. filol. class., 1921; *La poetica di Aristotele*, Torino, 1927; E. BIGNAMI, *La poetica d'Aristotele*, Firenze, 1932; D. DE MONTMOLLIN, *La poétique d'Aristote*, Thèse Neuchâtel, 1951; A. PLEBE, *La teoria del comico da Aristotele a Plutarco*, Torino, 1952 y *La nascita del comico*, Bari, 1956.

11) INFLUJO HISTÓRICO DE ARISTÓTELES: TALAMO, *L'Aristotelismo nella storia della filosofia*, Napoli, 1873 y *L'aristotelismo della scolastica*, Napoli, 1875; W. JAEGER, *Aristóteles en la historia*, cap. final del *Aristóteles*.

12) ESCUELA DE ARISTÓTELES Y DISCÍPULOS: F. WEHRLI, *Die Schule des Aristoteles (Aristoxenos, Klearchos, Demetrios von Phaleron, Dikaiarchos, Straton von Lampsakos, Herakleides Pontikos, Eudemos von Rhodos)*, Text. u. Komment., tomos I-VII, Basel, Schwabe, 1944-55. WILAMOWITZ MOELLENDORFF, *Antigonos von Karystos*, Berlín, 1881; W. JAEGER, *Ueber Urspr. u. Kreislauf d. philosoph. Lebensideal*, Preuss. Ak. Wiss., 1928 (apéndice a las ed. italiana y española del *Aristóteles*); K. O. BRINK, *Peripatos* en Pauly Wissowa Real Encykl., Stuttgart, 1936.

a) TEOFRASTO: H. USENER, *Analecta Theophrastea, Zu Theophr. metaph. Bruchst., Theophr. Büch. üb. d. Gesetze* en *Kleine Schriften;* H. DIELS, *Theophrastea,* 1883; E. NORDEN, *Ueb. d. Streit d. Zeno u. Theophr.,* Jahrb. d. Klass. Philol. Suppl., 1892; Th. GOMPERZ, *Ueb. d. Charaktere Theophrast.,* Wiener Ak., 1888; W. CAPELLE, *Zur Gesch. d. Griech. Botanik,* Philol. 1910; G. M. STRATTON, *Theophr. a. the greek Physiol. Psychol. before Aristot.,* New York, 1917; G. PASQUALI, *Sui caratteri di Teofrasto,* Rass. ital. lingue e letter. class., Napoli, 1919; M. MUEHL, *Theophr. u. die Vorsokrat.,* Arch. Gesch. Philos., 1923; REITZENSTEIN, *Theophr. bei Epikur u. Lukrez.,* Heidelberg, 1924; R. STROEMBERG, *Theophrastea,* Göteborg, 1937; O. REGENBOGEN, *Eine Polemik Theophrast. gegen Aristot.,* Halle, 1937; W. WIESMA, *Der angebliche Streit d. Zenon u. Theophr.,* Mnemos., 1940; F. KALLFELZ, *Die Charakterkunde in der antiken Philos.,* Berlín, 1940; J. B. MC DIARMID, *Theophr. on the eternity of the world,* Amer. Phil. Ass., 1940; A. SCHIERBEER, *Teophr. von Eresos,* Biol. Jaarb. Dod., Antwerpen, 1940; E. FRESON, *La méthode scientif de Théophr.,* Thèse Univ. Louvain, 1943; O. REGENBOGEN, *Theophr. von Eresos,* en Pauly Wissowa Real Encykl., 1950; J. M. BOCHENSKI, *La logique de Théophr.,* Fribourg en Suisse, Univers., 1947; *La métaphysique* par J. TRICOT, París, Vrin, 1948; E. BARBOTIN, *La théorie aristotel. de l'intellect d'après Téophr.,* Louvain, 1954; J. H. H. INDEMANN, *Studien over Theophr.,* Diss. Amsterdam, 1953; J. B. Mc DIARMID, *Theophr. on the presocratic causes,* Harvard Studies on Class. Philol., 1953.

b) EUDEMO de Rodas: A. Th. FRITZSCHE, *De Eudemi Rhodii philos. peripatet. vita et scriptis,* Regensburg, 1851, agregado a la edición de la *Ethica Eudemia,* atribuida a Eudemo por la autoridad de Spengel, pero que hoy se ha restituido a Aristóteles: cfr. VON DER MUEHL, *De Aristot. ethicae Eudem. auctore,* Göttingen, 1909; E. KAPP, *Das Verhältn. d. eudem. z. nikom. Ethik.* Freiburg, 1912; W. JAEGER, *Aristóteles* (cap. IX, *La ética original*); U. SCHOEBE, *Quaestiones Eudemeae,* Halle, 1931; R. PETTAZZONI, *Alle origini della scienza delle religioni,* Numen, 1954.

c) ARISTOJENO: Ch. A. RUELLE, *Étude sur Aristoxène,* Rev. arch. 1858; MEWALDT, *De Aristoxeni pythagoricis sententiis et vita pythag.,* Berlin, 1904; L. LALOY, *Aristoxène de Tarente et la musique de l'antiquité,* París, 1904; C. F. A. WILLIAMS, *The Aristox. theory of musical rythm,* Cambridge, 1911; H. TAEGER, *De Aristoxeni libro pythagorico,* Göttingen, 1926; R. WIDDINGTON INGRAM, *Aristoxen. and the intervals of the greek musik,* Class. Quart., 1932; *Elementa harmonica, rec. et trad.,* R. DE RICO, Roma, 1954.

d) DICEARCO: P. SCHMIDT, *De Heraclide Pontico et Dicaearchi Messenii dialogis deperd.,* Breslau, 1867; A. FERRI, *Dicearco di Messenia,* Acc. Lincei IV, 7; E. MARTINI en Pauly Wissowa Real Encykl.; W. JAEGER, *Der Ursprung u. Kreislauf des philosoph. Lebensideal* citado.

e) ESTRATÓN: G. RODIER, *La physique de Straton de Lampsaque,* París, 1891; H. DIELS, *Ueber d. phys. System des Stratons,* Berl. AK., 1893; J. HAMMER JENSEN, *Das sogen. IV Buch d. Meteor. d. Aristot.,* Hermes, 1915; FRITZ WEHRLI, *Straton von Lampsakos,* Basel, Schwabe, 1950.

f) DIOCLES de CARISTO: W. Jaeger, *Diokles von Karystos. Die griech. Medizin u. die Schule des Aristoteles*, Berlin, de Gruyter, 1938; *Vergessene Fragm. d. peripat. Diokles von Kar.*, Preuss. Akad. Wiss., 1938; *Diocles de Caristo. Un nuevo discípulo de Aristóteles*, Amer. Philos. Ass., 1938 y apéndice a la ed. española del *Aristóteles* (México).

g) ARISTARCO de SAMO: Th. Heath, *Aristarchus of Samos, the ancient Copernicus*, Oxford, 1913; M. Meyerhoff, *Aristarque de Samos, le Copernic de l'antiquité*, Bull. Inst. d'Egypte, 1942-43; W. H. Stahl, *The greek heliocentric theory a. its abandonment*, Amer. Phil. Ass., 1945; A. Koyré, *Les étapes de la cosmologie scientifique*, París; B. Sticker, *Die Kosm, Stellung des Mondes im Syst. d. Aristarch*, Sudhoff Arch. Gesch. Mediz., 1952.

h) ALEJANDRO de AFRODISIA: P. Wilpert, *Reste verlorener Aristoteles - Schriften bei Alexander von Aphrod.*, Hermes, 1940; P. Moraux, *Alexandre d'Aphrodise exégète de la noétique d'Aristote*, Univ. Liège, París, 1942; *Alexandre d'Aphrodise commentateur d'Aristote*, Thèse de doctorat, 1943.

13) COMENTARISTAS GRIEGOS DE ARISTÓTELES: *Commentaria in Aristotelem graeca*, ed. Academia de Berlín, 1882 y ss., y *Supplementum aristotelicum*, ibid, 1885 y ss.

H) LA FILOSOFÍA POSTARISTOTÉLICA O HELENÍSTICA:

Además de las historias generales de la filosofía antigua, citadas en el anterior cap. B), véanse las obras siguientes:

F. SUSEMIHL, *Geschichte der griech. Literatur in der Alexandrinerzeit,* Leipzig, 1891-92; A. SCHMEKEL, *Die hellenist-römische Philos.* (colección *Grosse Denker* de von ASTER), Leipzig, 1912; P. WENDLAND, *Die hellenist, römische Kultur,* Tübingen, 1912; E. ZINGG, *La philos. pendant la période de l'empire romain,* Brünn, 1907; J. KAERST, *Geschichte d. hellenist. Zeitalters,* Leipzig-Berlin, 1909; CROENERT, *Kolotes und Menedemos,* Lipsia, 1906; E. NEUSTADT, *Die relig. philosoph. Bewegung d. Hellenismus u. der Kaiserzeit,* Leipzig, 1914; H. LEISEGANG, *Der heilige Geist,* Berlín, 1919; J. GEFFCKEN, *Der Ausgang d. griech. röm. Heidentum,* Heidelberg, 1920, y *Der Ausgang des Antike,* Berlín, 1921; G. MELLI, *La filosofia greca da Epicuro ai Neoplatonici,* Firenze, 1922; P. E. MORE, *Hellenistic Philosophers,* Princeton, 1923; G. KAFKA und H. EIBL, *Der Ausgang der antiken Philosophie u. d. Erwachen einer neuen Zeit,* München, 1928; R. REITZENSTEIN, *Werden u. Wesen der Humanität im Altertum,* Strassburg, 1907 y *Die hellenist. Misterien religionen,* Leipzig-Berlin, 1937; M. MUEHL, *Die antike Menschheitsidee,* Leipzig, 1928; I. HEINEMANN, *Humanitas* en Pauly Wissowa Real Encycl.; O. KERN, *Die Religion der Griechen* Bd. III, Berlín, 1938; F. CUMONT, *Les religions orientales et le paganisme romain,* 3 éd., París, 1929; SCHANZHOSIUS, *Gesch. d. römisch. Literatur,* 4 Bde. München, 1920-35; E. BIGNONE, *Storia della letter. latina,* 3 voll., y Firenze 1942-45; Ad. LEVI, *Storia della filosofia romana,* Firenze, Sansoni, 1949; *Il concetto del tempo nella filos. dell'età ellenistica,* Riv. di storia della filos, 1951; Ph. MERLAN, *From platonism to neoplatonism,* Den Haag, 1953.

I) LA ESCUELA ESTOICA:

a) Estudios de conjunto:
F. RAVAISSON, *Essai sur le stoïcisme*, París, 1857; P. WEIGOLDT, *Die Philosophie der Stoa*, Leipzig, 1883; F. OGEREAU, *Ess. sur le syst. philos. des Stoïciens*, París, 1885. J. D'AVERNEL, *Le stoïcisme et les stoïciens*, París, 1886; A. DYROFF, *Ueb. d. Anlage d. stoisch. Bucherkatal.*, Würzburg, 1896; P. BARTH, *Die Stoa*, 4 Aufl., Stuttgart, 1922 (trad. castell., *Los Estoicos*, Madrid, Rev. de Occidente); W. L. DAVIDSON, *The Stoic creed*, Edinburgh, 1907; E. BEVAN, *Stoics and Sceptics*, Oxford, 1913; R. M. WENLEY, *Stoicism a. its influence*, Boston, 1924; MAX POHLENZ, *Stoa und Semitismus*, N. Jahrb. Klass. Altert., 1926, *Grundfragen der Stoik. Philosophie*, Göttingen, 1949; *Die Stoa. Geschichte ciner geist. Bewegung*, 2 Bde. Göttingen, 1949; *Stoa und Stoiker (Die Gründer, Panaitios, Poseidonios; Selbstzeugn. und Berichte* eing. u. übers.), Zürich, 1950; P. BARTH, *Die Stoa*, 6 Aufl., neu bearb. von A. GOBDECKEMAYER, Stuttgart, 1946; V. GOLDSCHMIDT, *Le système stoïcien et l'ideé de temps*, París, Vrin, 1953; A. TRAVERSA, *Index stoicorum herculánensis*, Génova, Ist. filol. class., 1952.

b) Partes de la doctrina: R. HIRZEL, *De logica stoicorum*, Berlín, 1880; V. BROCHARD, *Sur la logique des Stoïciens*, Arch. Gesch. Philos. 1892; O. HAMELIN, *Sur la log. des Stoïciens*, Année philos., 1912; L. STEIN, *Die Erkenntnistheórie d. Stoa*, Berlín, 1888; M. HEINZE, *Zur Erkenntnistheor. d. Stoiker*, Leipzig, 1890; L. STEIN, *Die Psychologie d. Stoa*, Berlín, 1886; A. BONHOEFFER, *Zur stoisch. Psychol.*, Philol., 1895; A. LEVI, *Sulla psicol. gnoseologica degli Stoici*, Athenaeum,

1925; W. E. VOIGT, *Geschichte d. Unsterblichkeitsidee in d. Stoa*, Erlangen, 1901; E. BREHIER, *La théorie des incorpor. de l'anc. Stoicism*, Arch. Gesch. Philos., 1909; A. AALL, *Geschichte der Logosidee in der griech. Philos.*, Leipzig, 1896; A. DYROFF, *Die Ethik der alt. Stoa*, Berlín, 1897, *Zur Ethik d. alt. Stoa*, Arch. Gesch. Philos., 1898-99; H. VON ARNIM, *Die stoische Lehre von Fatum u. Willensfreih.* Philos. Ges. an d. Univ. Wien, 1904-07; L. STEFANINI, *Il probl. morale nello Stoicismo e nel Cristian.*, Torino, 1927; S. CUESTA, *El equilibrio pasional en la doctr. estoica y en la de San Agustín*, Madrid, Consejo sup. de invest. cient., 1948; A. VIRIEUX REYMOND, *La logique et l'épistémol. des Stoïciens*, París, Vrin, 1950; B. MAJES, *Stoic logic*, Berkeley, Univ. Calif., 1953; G. VERBEKE, *L'évol. de la doctr. du pneuma du stoïcisme à St. Augustin*, París, 1945; M. E. REESOR, *The polit. theory of the old a. middle Stoa*, Diss. Bryn Mawr, New York, 1951.

c) Sobre los primeros estoicos:

ZENÓN: E. WELLMANN, *Die Philos. d. Stoik. Zenon*, Leipzig, 1873; F. SUSEMIHL, *Zenon von Kition*, Jahrb. d. Klass. Phil., 1882; A. FAGGI, *Zenone di Cizio e l'orig. dello Stoicismo*, Riv. it di filos., 1893; MAX POHLENZ, *Zeno und Chrysippus*, Gött. Gesell. 1938; G. MANCINI, *L'etica stoica da Zenone a Crisippo*, Padova, 1940; W. WIERSMA, *Der angebl. Streit d. Zenon u. Theophrast üb. d. Ewigk. d. Welt*, Mnem., 1940, *Die Physik des Stoikers Zenon*, Mnem., 1943; A. JAGU, *Zénon de Cittium*, París, Press. Univ., 1946.

CLEANTO: U. VON WILAMOWITZ, *Kleanthes u. Aristarch*, Hermes, 1885. J. D. MEERWALDT, *Kleanthes Gebet an Zeus und Schicksal*, Wien. Blätt., 1923; MAX

POHLENZ, *Kleanthes Zeus Hymnus*, Hermes, 1940; G. VERBEKE, *Kleanthes von Assos*, Bruxelles, 1949.
CRISIPO: E. BRÉHIER, *Chrysippe*, 1910, *Chrysippe et l'anc. Stoïcisme*, Paris, 1951; G. L. DUPRAT, *La doctrine stoïcienne du monde, du destin et de la provid. d'après Chrysippe*, Arch. Gesch. Philos., 1910; G. MANCINI, *L'etica stoica da Zenone a Crisippo*, Padova, 1940; A. MATTIOLI, *Ricerche sul probl. della libertà in Crisippo*, Istit. Lomb., 1940.
ARISTÓN de QUIOS: J. MOREAU, *Ariston et le stoïcisme*, Rev. étud. anc., 1948.

K) EPICURO Y EPICÚREOS:

a) EPICURO Y EPICUREISMO: G. TREZZA, *Epicuro e l'epicureismo*, Milano, 1885; W. WALLACE, *Epicureanism*, London, 1880; M. RÉNAULT; *Epicure*, París, 1903; E. JOYAU, *Épicure*, París, 1910; C. PASCAL, *Epicurei e mistici*, Catania, 1914; W. ADAMS, *The philos. of Epicurus*, Hibbert Journ. 20; E. BIGNONE, *L'Aristotele perduto e la formaz. filosof. di Epicuro*, Firenze, 1936; R. PHILIPPSON, *De Philodemi libro et Epicureorum doctrina logica*, Berlin, 1881; F. MERBACH, *De Epicuri canonica*, Weida, 1909; G. M. GUYAU, *La Morale d'Épicure*, 3ª éd., París, 1886; F. PICAVET, *Épicure fondateur d'une relig. nouvelle*, Rev. hist. relig., 1893; A. GOEDECKEMEYER, *Epikurs Verhältn. zu Demokrit in d. Naturphilos.*, Strassburg, 1897; G. Zuccante, *Da Democrito a Epicuro*, Ist. Lomb., 1900; A. BRIEGER, *Epikurs Lehre v. Raum*, Philol., 1901; H. VON ARNIM, *Epikurs Lehre von Minimum*. Wien,

1907; A. FALCHI, *Il pens. giurid. di Epicuro*, Sassari, 1902; R. PHILIPPSON, *Die Rechts-philos. des Epik.*, Arch. Gesch. Philos., 1910, *Zur Epik. Götterslehre*, Hermes, 1916 y *Nachträgl.*, ibid., 1918; H. SCHMIDT, *Epikurs Philos. d. Lebensfreude*, Leipzig, 1911; V. BROCHARD, *La théorie du plaisir d'après Epicure*, Journ. d. sav., 1904; E. BIGNONE, *Il concetto della vita intima nella filos. d'Epicuro*, Atene Roma, 1908; R. MONDOLFO, *Il superam. dell'utilitarismo e la coscienza mor. nella dottr. epic.*, Acc. Scienze Bologna, 1928 y *Moralistas griegos*, B. Aires, 1941; W. SCHMID, *Epikurs Kritik der Platon. Elementenlehre* (Kleine Philol. Studien), Leipzig, 1936; T. E. DRABKIN, *Notes on Epicurean Kinetics*, Amer. Philol. Ass., 1938; E. BIGNONE, *La dottr. epicurea del clinamen*, Atene e Roma, 1940; N. W. de WITT, *Epicurean Kinetics*, Class. Phil., 1941; P. GIUFFRIDA, *L'epicureismo nella letter. latina del I secolo a.C.*, Univ. Torino, 1941; G. COPPOLA, *Vita d'Epicuro*, Milano 1942; W. SCHMID, *Ethica epicurea pap. Hercul.* 1951, Leipzig, 1939; A. CRESSON, *Épicure*, París, 1940 y 1947; A. VÓGLIANO, *I resti dell'XI libro del Perî physeos di Epicuro*, Pubbl. Soc. Papir., Le Caire, 1941; A. J. FESTUGIÈRE, *Épicure et ses dieux*, París, 1946; G. CAPONE BRAGA, *Aspetti pessimistici della dottr. di Epicuro*, Sophia, 1943; C. DIANO, *La psicol. d'Epicuro e la teoria delle passioni*, Giorn. crit. filos. ital., 1939-42, *Questioni epicuree*, ibid., 1949; W. H. JUNIPER, *Some ethical implic. of the atom. Theory of Epicurus*, Univ. of Texas, 1948; C. VICOL, *Consider. sulle dottr. teolog. di Epicuro*, Giorn. ital. filol., 1949; A. LEVI, *Il probl. dell'errore nell'epicureismo*, Riv. crit. storia filos., 1950; G. CAPONE BRA-

GA, *Studî su Epicuro*, Milano, 1951; J. FALLOT, *Le plaisir et la mort dans la philos. d'Épicure*, París, Juillard, 1951; V. E. ALFIERI, *Il concetto del divino in Democr. ed Epicuro (Studî di filos. greca*, Bari, 1950); W. SCHMID; *Götter u. Menschen in d. Theologie Epikurs*, Rhein, Mus., 1951; F. SOLMSEN, *Epicurus a. cosmological heresies*, Amer. Journ. Phil., 1951; R. MASSOLO, *Il probl. della felicità in Epicuro*, Palermo, Travi, 1951; M. RADIN, *Epicurus my master*, Univ. of North Carolina Pr., 1949; R. AMERIO, *L'epicureismo*, Torino, ed. di Filosofia, 1953; A. BARIGAZZI, *Epicurea*, Hermes, 1953; B. FARRINGTON, *La amistad epicúrea*, Notas estud. filos., Tucumán, 1952; G. FREYMUTH, *Zur Lehhre v. d. Götterbildern in d. Epik. Philos.*, Ak. Wiss. Berlin, 1953; A. GRILLI, *La posiz. di Aristot. Epicuro e Posid. nei confr. della storia della civiltà*, Ist. Lomb., 1953; J. MOREAU, *Le naturalisme d'Épicure*, Giorn. di Metaf., 1951; F. SOLMSEN, *Epicurus on the grouth a. decline of the cosmos*, Amer. Journ. Phil., 1953; A. VOGLIANO, *Gli studi filol. epicurei nell' ultimo cinquantennio*, Mus. Helvet. *e I resti del libro II del Perì physeos di Epicuro*, Prolegomena, 1953; N. W. DE WITT, *Epicurus a. his philosophy*, Univ. Minnesota, 1954; B. FARRINGTON, *Epicureanism a. science*, Scientia, 1954; *Second thoughts on Epicurus*, Science a. Society, 1953; J. MAU, *Raum u. Bewegung. Zu Epikurs Brief an Herod.*, Hermes, 1954; R. SCHOTTLAENDER, *Kynisiert Epikur?* Hermes, 1954; A. SODNIK ZUPANEC, *L'éthique d'Épicure*, Ziva antika, Skoplie, 1954; *La doctrine épic. sur les dieux*, ibid., 1955; Ch. THEODORIDIS, *Epikouros*, Athènes, 1954; A. ARÓSTEGUI, *La filos. epicúrea*, Rev. filos. Madrid, 1954; C. BRESCIA, *Ri-*

cerche sulla lingua e lo stile di Epic., Napoli, 1955; *La philía in Epicuro,* Giorn. ital. filol., 1955; C. KELLER, *Quid Epicurei et Stoici de interitu mundi docuerint,* Diss. Bonn, 1953.

b) FILODEMO: D. COMPARETTI, *La bibliothèque de Philodème,* Mel. Chatelain, París, 1910; R. PHILIPP-SON, *De Philodemi libro qui est Perì semeion kai semeióseon,* Berlín, 1881; Th. GOMPERZ, *Philod. u. die aristot, Poëtik,* Wiener Eranos, 1909; P. GIUFFRIDA, *L'epicureismo nella lett. lat. del I sec. a.C.: Filodemo,* Univ. Torino, 1941; VOOYS und VAN KREVELEN, *Lexicon Philodemeum,* Amsterdam, 1941; Ph. H. and E. A. de LACY, *Philodem. on methods of inference, A study in ancient empirism,* Oxford, Blackwell, 1944; F. SBORDONE, *Philodemi adversus sophistas,* Napoli, Loffredo, 1947; V. DEMOUSTIER, *Philodème de la musique,* Univ. Louvain, 1946; VOGLIANO e SALVESTRINI, *Philodemea, Prolegomena,* 1952; A. PLEBE, *Filodemo e la musica,* Filosofia, 1957.

c) LUCRECIO: C. MARTHA, *Le poème de Lucrece,* 7ª éd., París, 1909; I. BRUNS, *Lukrezstudien,* Freiburg o. B. 1884; O. WEISSENFELS, *Lukret. und Epik.,* N. Lausitz. Magaz. 1889; G. GIUSSANI, *Studî lucreziani,* Torino, 1899; C. PASCAL, *Studî critici sul poema di Lucrezio,* Roma, 1903, *Figure e caratteri: Lucrezio,* Palermo, 1903, *Epicurei e mistici,* Catania, 1914; J. MASSON, *Lucretius epicurean and poet.,* London 1909 y *The religion of Lucr.,* Class. rev. 37; H. DIELS, *Lukrezstudien,* Berlín. Ak. Wiss., 1918; M. UNTERSTEINER, *Il sistema di Lucrezio,* Torino, 1925; V. E. ALFIERI, *Lucrezio,* Firenze, 1929; MEWALDT, *Lukrez* en Pauly Wissowa Real Encykl.; REGEN-BOGEN,

Lukrez, Leipzig, 1932; G. DELLA VALLE, *T. Lucrezio Caro e l'epicureismo campano*, Napoli, 1935; O. TESCARI, *Lucretiana*, Torino, 1935 y *Lucrezio*, Roma, 1939; G. D. HADZISTS, *Lucretius a. his influence*, London, 1935; E. E. SIKES, *Lucretius poet a. philosopher*, Cambridge, 1936; E. BIGNONE, *Lucrezio come interpr. della filos. di Epicuro* "Italia e Grecia", Firenze, 1940; P. FRIEDLAENDEN, *The Epicur. Theology in Lucret. first prooem.*, Amer. Philol. Ass., 1939; *Pattern of sound a. atom. theory in Lucret.*, Amer. Journ. Phil., 1941; M. ROZELAAR, *Lucrez. Versuch einer Deutung*, Diss. Amsterdam, París, 1943; E. BIGNONE, *Il proemio del lib. II di Lucrezio*, Atene Roma, 1942; W. KRANZ, *Lukrez u. Empedokles*, Philol. 1943; O. TESCARI, *Lucrezio*, Roma, 1939; G. SOLERI, *Lucrezio*, Brescia, 1945; A. ERNOUT, *Lucrèce*, Bruxelles, 1947; P. MESNARD, *Antifinalité et finalité chez Lucrèce*, Rev. Sc. human., Lille, 1947; J. BAYET, *Études lucretiennes*, Grenoble, 1948; A. TRAGLIA, *Sulla formaz. spirit. di Lucrezio*, Roma, Gismondi, 1948; E. BIGNONE, *Storia della letter. latina II*, Firenze, 1946; J. B. LOGRE, *L'anxiété de Lucrèce*, París, Janin, 1946; L. FERRERO, *Poetica nuova in Lucrezio*, Firenze, 1949; P. GIUFFRIDA, *L'epicur. nella letter. lat. del I sec. a. C.*, Torino, Gheroni, 1950; C. BAILEY, *Lucretius*, Oxford, 1949. E. VALENTI FIOL, *Lucrecio*, Barcelona, 1949; A. LEVI, *Storia della filos. rom.*, Firenze, 1949; E. ERNOUT, *Lucrèce*, París, 1947; B. FARRINGTON, *The meaning of voluptas in Lucret.*, Hermathema, 1952; W. H. FITZGERALD, *Pietas epicurea*, Class. Journ. 1951; A. G. KELLER, *Lucret. a. the idea of progress*, Class. Journ., 1951; F. KLINGER,

Philos. u. Dichtkunst am Ende d. II Buch. d. Lukrez, Hermes, 1952; G. BARRA, *Strutt. e compos. del De rer. nat.,* Napoli, 1952; F. GIANCOTTI, *La cosmicità di Lucr.,* Acc. Pontan. Napoli, 1952; C. MARCHESI, *Lucr. e it poema della nat.,* Venezia, 1950; R. WALTZ, *Lucrèce dans Lucrèce,* Bull. G. Budé, 1953; J. HAVET, *Lucrèce devant la pensée greque,* Mus. Helv., 1951; R. MARTINI, *La relig. di Lucr.,* Giorn. ital. filol., 1954; G. SANTAYANA, *Three philos. poets: Lucretius, Dante, Goethe,* New York, 1953; E. D. SARAKAS, *Lukrez,* München, 1953; P. FERRARINO, *Strutt. e spir. del poema lucrez.* (Studî Funaioli, Roma, 1955); M. Hepp, *Lucrèce ou le monde vide de Dieu,* Rev. sciences relig., 1955; L. LEROY, *La personnalité de Lucrèce,* Bull. G. Budé, 1955.

d) DIÓGENES de Enoanda: G. CAPONE BRAGA, *Arist. Epic. e Diogene d'Enoanda,* Atene Roma, 1940; G. PISANO, *Colote, Epicuro e Diog. d'En.,* ibidem, 1942; N. CASINI, *Diog. d'En. e Lucrezio,* Riv. crit. storia filos., 1949; A. GRILLI, *I framm. di Diog. d'Enoanda (Studî di filos. greca,* Bari, 1950).

L) LOS ESCÉPTICOS:

1) SOBRE EL ESCEPTICISMO ANTIGUO EN CONJUNTO:
N. MACCOLL, *The greek sceptics from Pyrrho to Sextus,* London-Cambridge, 1869; L. HAAS, *De philosophorum sceptic. successionibus eorumque scriptis,* Wirceburgi, 1875; R. HIRZEL, *Untersuch. zu Ciceros philos. Schriften, III p. (Urspr. u. Entwickl. d. Pyrrhon. Skepsis),* Leipzig,

1877-83; P. NATORP, *Forschung. zur Gesch. d. Erkenntnisprobl. im Altert.*, Berlín, 1884; E. PAPPENHEIM, *Die Tropen d. griech. Skeptiker,* Gymn. progr., Berlín, 1885; V. BROCHARD, *Les sceptiques grecs,* París, 1887 y 1923 (Trad. castell. B. Aires, Losada, 1945); P. RICHTER, *Die Erkenntnistheor. Voraussetz. d. griech. Skeptizismus,* Philos. Studien, 1902 y *Der Skeptiz. in d. Philos.,* Leipzig, 1904; M. POHLENZ, *Das Lebensziel d. Skepliker,* Hermes, 1904; A. GOEDECKEMEYER, *Die Gesch. d. griech. Skeptizismus,* Leipzig, 1905; A. ALIOTTA, *Scetticismo antico e moderno,* Piacenza, 1903; E. BEVAN, *Stoics and Sceptics,* Oxford, 1913; E. BRÉHIER, *Pour l'hist. du scepticisme antique,* Rev. ét. anc., 1918; H. KRUEGER, *Aus d. Gedankenwelt d. ant. Skepsis,* Rostock, 1923; A. DE FAYE, *The infl. of greek scepticism on greek a. christian thought,* Hibbert Journ., 1924; H. KRUEGER, *Der Ausgang der ant. Skepsis,* Arch. Gesch. Phil., 1925; M. M. PATRICK, *The greek sceptics,* New York-London, 1929; L. ROBIN. *Pyrrhon et le scepticisme grec,* París, 1944; A. LEVI, *Il probl. dell'errore nello scettic. antico,* Riv. filos., 1949; M. DAL PRA, *Lo scetticismo greco,* Milano, 1950; *Antike Skeptiker,* int. av. WIESTRAND, Stockholm, 1953; Ph. DELAY, *Ou mallon a. the antec. of ancient scepticism,* Phronesis, 1958.

2) PIRRÓN Y TIMÓN:
CH. WADDINGTON, *Pyrrhon et le pyrrhonisme (La philos. anc. et la critique histor.,* París, 1904); E. PAPPENHEIM, *Der Sitz d. Schule d. pyrrhon. Skept.,* Arch. Gesch. Philos., 1888; F. PICAVET, *Un docum. import. pour l'hist. du pyrrhon.,* Acad. scienc. mor. Polit. (y Rev. de philol.), 1888; Fr. CONRAD, *Die Quellen d. älteren pyrrhon. Skepsis,* Königsberg (Diss.), 1914. G. WACHSMUTH, *De Timone Phliasio ceterisque sillogr. graec.,* Leipzig, 1859; A.

LUDWICH, *De quibusdam Timonis Phl. fragm.*, Königsberg, 1903; G. VOGHERA, *Timone di Fliunte e la poesia sillografica*, Padova, 1904, *Postille crit. ad alcuni framm. dei Silli di Timone*, Riv. Storia ant. N. S., X; H. RICHARDS, *Timon in Diog. L.*, Class. Rev., 1907; G. PIANKO, *Silloi, poemat satyr, Timons Z. Fliuntu*, Meander, Warszawa, 1952; M. FABRO, *Timone di Fliunte*, Diss. Univ. Genova, 1953; M. UNTERSTEINER, *L'incontro fra Timone e Pirrone*, Riv. crit. Storia filos., 1954.

3) MEDIA Y NUEVA ACADEMIA: ARCESILAS Y CARNEADES:
L. CREDARO, *Lo scetticismo degli Accademici*, 2 voll., Milano, 1889-93; CH. WADDINGTON, *Le scepticisme après Pyrrhon: les nouveaux academiciens*, Acad. Sciences mor. pol., 1902; P. CROPP, *De auctoribus quos secutus Cicero Academicorum novorum theologiam reddidit*, Diss. Göttingen, 1909; G. PALEIKAT, *Die Quellen der akadem. Skepsis*, Abhandl. zur Gesch. d. Skeptizismus, Leipzig, 1916; H. HARTMANN, *Gewissheit u. Wahrheit: der Streit zwischen Stoa u. akad. Skepsis*, Halle, 1927; P. COUISSIN, *Le stoïcisme de la nouvelle Academie*, Rev. hist. philos., 1929, *L'origine et l'évol. de l'epochè*, Rev. ét. grecques, 1929; R. PHILIPPSON, *D. Akadem. Kritik der epikur. Theologie i. d. Tuskulanen, Symbolae Osloenses*, Oslo, 1940; O. GIGON, *Zur Gesch. der sogenannten Neuen Akademie*, Mus. Helvet., 1944; E. CIAFARDINI, *Consideraz. sui pri mordi della filosofia in Roma*, Mouseion, anno III.
Ch. HUIT, *Polèmique de Arcesilas contre les Stoïciens*, Instr. publique, 1885; E. BICKEL, *Ein Dialog. der Akadem, Arkesilaos*, Arch. Gesch. Philos., 1904; H. VON ARNIM,

Arkesilaos en Pauly Wissowa Real Encykl.; P. VON DER MUEHL, *Die Gedichte der philos. Arkesilaos*, Studî in onore di U. E. Paoli, Firenze, 1955. H. VON ARNIM, *Karneades* en Pauly Wissowa. Real Encykl.; C. MARTHA, *Le philos. Carnéade à Rome (Études morales sur l'antiquité*, París, 1883); F. PICAVET, *Le phénomenisme et le probabilisme dans l'école platonicienne: Carnéade*, Rev. philos., 1887; C. VICK, *Quaestiones Carneadeae*, Rostock, 1901, y *Karneades Kritik der Theologie b. Cicero u. Sext. E.*, Hermes, 1902; N. FESTA, *Carneade*, Riv. di cultura, 1920; J. EUPOLIS, *Carneades on injustice*, 1923; M. DI MARTINO FUSCO, *Carneade*, Mouseion, 1923; E. PISTELLI, *Ritratto di Carneade*, Pegaso, 1929; P. COUISSIN, *Carnéade et Descartes*, Congrès Descartes, 1937; J. CROISSANT, *La morale de Carnéade*, Rev. intern. de philos., 1939; A. S. PEASE, *Coeli enarrant*, Harvard Theolog. Review, 1941; P. COUISSIN, *Le sorite de Carnéade contre le polithéisme*, Rev. ét. grecques, 1941; D. AMAND, *Fatalisme et liberté dans l'antiq. grecque., rech. sur la surviv. de l'argum. antifataliste de Carnéade*, etc., Univ. de Louvain, 1945; Ed. L. MINAR, *The positive beliefs of the skeptic Carneades*, Class. Weekly, 1949; A. RAVÁ, *Carneade filosofo del diritto*, Univ. Catania, 1950-51.

4) LOS ESCÉPTICOS POSTERIORES: ENESIDEMO Y SEXTO EMPÍRICO:

K. GOEBEL, *Die Begründung der Skepsis d. Aenesidemus*, Bielefeld, 1880; P. NATORP, *Untersuch. über die Skepsis in Altert.*, Rhein. Mus., 1883, y *Forschung. zur Gesch. d. Erkenntnisprobl. in Altert.*, Berlin, 1884; H. VON ARNIM, *Quellestud. zu Philo von Alex.: Philo u. Aenesidem*, Philol. Untersuch., Berlín, 1888; E. PAPPENHEIM, *Das angebliche Heraklitismus der Skeptikers Aenesidemus*, Berlín, 1889; Ch. WADDINGTON, *Aénesidème et les nouveaux pyrrhoniens*, Acad. sciences mor. polit., 1902; A. D'ORAZIO, *Enesidemo e lo scetticismo greco*, Cultura, 1901; E. BRÉHIER, *Les tropes d'Enesidème contre la logique inductive*, Rev. ét. anc., 1918 y *Les idées philos. et rélig. de Philon d'Alex.*, 2ª ed., París, 1925; H. KRUEGER, *Zur Philos. d. Aenesidemos von Knossos*, Arch. gesamte Psychol. XLVIII; G. CAPONE BRAGA, *L'eraclitismo di Enesidemo*, Riv. filos., 1931. E. PAPPENHEIM, *De Sexti Emp. librorum numero et ordine*, Koeln. Gymm., Berlín, 1874 y *Lebensverhalt. d. Sextus Empir.*, ibid. 1875; L. HAAS, *Leben d. Sextus Emp.*, Progr. Buerhausen, 1883, *Ueb. den Schriften d. Sextus Emp.*, Freising, 1883; C. HARTENSTEIN, *Ueb. d. Lehre d. ant. Skepsis, bes. d. Sextus Emp. in Btr. d. Kausalität*, Zeitschr. f. Philos., 1888; M. PATRICK, *Sextus Emp. and greek Scepticism*, Cambridge, 1889; W. VOLLGRAFF, *La vie de Sextus Emp.*, Rev. de philol., 1902 y *Varia*, Bibl. Philol. Batava; E. BRÉHIER, *Le mot noetón et la crit. du Stoïc. chez Sextus Emp.*, Rev. ét. anc., 1914; E. LOVE, *Das heraklit. Wirklichkeitsprobl. u. seine Bedeut. bei Sextus*, Sophiengymn, Wien, 1914; H. MUTSCHMANN, *Die Ueberlief. d. Schrift. d. Sextus Emp.*, Rhein. Mus., 1909; A. KOCHALSKY, *De Sexti Emp. adv. logicos libris quaest. criticae*, Marburg, 1915; A. NEBE, *Textkritisches zu d. Buch d. Sextus Emp. pròs astrológous*, Rhein. Mus., 1916; E. ISSEL, *Quaestiones sextinae et galenianae*, diss. Marburg, 1917; E. B. FRITZ, *Bemerk. zur Zeitprobl. in d. ant. Philos.*, Verein Klass. Phil. Wien, 1925; P. COUISSIN, *La critique du réalisme du concept chez Sextus Emp.*, Rev. hist. de la philos., 1927; E. RICHTSTEIG, *Bericht üb. d. Liter. zu Sextos Emp. aus d. Jahren*, 1926-30. Jahresber, üb. Fortschr d. Klass. Alt. Wiss., Leipzig, 1931; A. KROKIEWICZ, *Sextus*, Acad. polon. de Cracovie, 1930; W. HEINTZ, *Studien zu Sextus Emp.*, Schr. d. Koen. Gel. Ges., Halle, 1932; A. NEUMANN, *Die Problematik des homo-mensura Satzes*, Class. Phil., 1938; R. M. CHISHOLM, *Sextus Emp. and modern empiricism*, Philos. of Science, 1941; P. WILPERT, *Neue Fragm, aus Perì tàgathoû*, Hermes, 1941; K. JANACEK, *Prolegomena to Sextus Emp.*, Acta Univ. Palackianae Olomucensis, 1947; *Oeuvres choisies*, trad. GRENIER et GORON, París, Aubier, 1948.

M) ECLECTICISMO:

1) ECLÉCTICOS DEL ESTOICISMO MEDIO (PANECIO Y POSIDONIO):
A. SCHMEKEL, *Die Philosophie d. mittlere Stoa in ihr. geschichtl. Zusammenhange*. Berlin, 1892; R. REITZENSTEIN, *Werden u. Wesen der Humanität im Altertum*, Strassburg, 1907; M. MUEHL, *Die antike Menschheitsidee*, Leipzig, 1928; R. PHILIPPSON, *Zur Psychol. der Stoa*, Rh. Mus., 1937; H. DOEGE, *Quae ratio intercedat inter Panaetium et Antiochum Ascalon. in morali Philosophia*. Halle, 1890; B. N. TATAEIS, *Panétius de Rhodes*, París, 1934; L. LABOWSKI, *Die Ethik des Panetius*, Berlín, 1934, y *Der Begriff des Prépon in der Ethik d. Panetius*, Heidelberg, 1934; M. POHLENZ, *Antikes Führertum. Cicero De Officiis und das Lebensideal des Panaitios*, Leipzig, 1934; I. MEYLAN, *Panétius et la pénétration du Stoïcisme à Rome au dernier siècle de la République*, Rev. de theol. et de philos., 1929; K. SCHINDLER, *Die stois-*

che Lehre von d. Seelenteilen u. Seelenvermögen insbesond. bei Panet. u. Posid. u. ihre Verwend. bei Cicero, diss. München, 1934; M. VAN STRAATEN, *Panétius, sa vie, ses écrits et sa doctrine*, Amsterdam-Paris, 1946; M. POHLENZ, *Stoa u. Stoiker, Die Gründer, Panaitios, Poseidonios*, Zürich, Artemis Verl., 1949; *Panaetii Rhodii fragmenta*, coll. M. von Straaten, Leiden, Brill, 1952; A. GRILLI, *L'opera di Panezio*, Paideia, 1954, y *Studî paneziani*, Studî ital. di filol. class., Firenze, 1957. E. MARTINI, *Quaest. Posidonianae*, Leipzig, 1895; *Lucubrat. Posidonianae* (Festschrift Wachsmuth), Leipzig, 1897; G. RUDBERG, *Forschungen zu Poseidonios*, Leipzig, 1918; J. HEINEMANN, *Poseidonios Metaphys. Schriften*, I-II, Breslau, 1921-28; K. REINHARDT, *Poseidonios*, München, 1922, y *Kosmos und Sympathie. Neue Untersuch. üb. Poseidonios*, München, 1926; E. EDELSTEIN, *The philosophical System of Posidonius*, Amer. Journ. Phil., 1936; M. POHLENZ, *Tierische und menschliche Intelligenz bei Poseidonios*, Hermes, 1941; M. MUEHL, *Zu Poseidonios u. Philon*, Wien. Stud., 1942; A. VOGLIANO, *Sulle orme di Posidonio*, Parola del pass., 1947; P. BOYANCÉ, *Posidonius d'Apamée*, L'inform. littér., París, 1940; K. REINHARDT, *Poseidonios von Apameia*, Pauly Wiss. Real Encykl., 1953; H. STROHM, *Theophrast. u. Poseidonios*, Hermes, 1953.

2) ANTIOCO DE ASCALONA:
H. DODGE, *Quae ratio intercedat inter Panaetium et Antiochum Ascalonitam*, cit., Halle, 1896; H. STRACHE, *Der Eklektizismus des Antiochus von Askalon*, Philos. Untersuch, Berlín, 1921; A. LUEDER, *Die philosoph. Persönlichkeit des Antiochus von Askalon*, diss., Göttingen, 1940; G. LUCK, *Der Akademiker Antiochos*, Bern, Haupt, 1953.

3) CICERÓN:
G. Barzellotti, *Delle dottr. filosof. nei libri de Cicerone*, Firenze, 1867; H. Merguet, *Lexicon zu den philosoph. Schriften Ciceros*, 3 vols., Jena, 1887-94; R. Hirzel, *Untersuch. zu Ciceros philosoph. Schriften*, Leipzig, 1877-83; *Der Dialog*, Leipzig, 1895; C. Thiaucourt, *Essai sur les traîtés philos. de Cicéron et leurs sources grecques*, París, 1885; *Les traités de philos. relig. et les opuscules philos. de Cicéron*, Paris, 1902; *Les premiers apolog. chrét. à Rome et les traités philos. de Cicér.*, Rev. de cours et confér., 1904; E. Masé Dari, *M. T. Cicér. e le sue idee soc. ed econ.*, Torino, 1901; F. Cauer, *Cicero's polit. Denken*, Berlin, 1903; A. Degert, *Les idées morales de Cicér.*, París, 1907; E. Chiocchetti, *Note sulla filos. di Cicer.*, Riv. filos. neoscol., 1919; Ciafardini, Artículos sobre Cicerón, en Riv filos. neoscol., 1919, 1921, 1923; H. Uri, *Cicero u. die epikur Philos.*, Leipzig, 1914; T. Peterson, *Cicero*, Berkeley, 1920; R. Helm, *Cicero. Sein Werk im Rahmen seines Lebens*, Rostock, 1922; O. Plasberg, *Cicero in seinen Werk u. Briefen*, Leipzig, 1926; E. Ciaceri, *Cicerone e i suoi tempi*, 2 voll., Roma, 1926-29, y 1939-41; G. Righi, *La filos. civile e giurid. di Cicer.*, Bologna, 1930; Th. Zielinski, *Cicero im Wandeln der Jahrhunderte*, Leipzig-Berlin, 4 Aufl., 1929; E. G. Sihler, *Cicero of Arpinum*, New York, 1932; G. Tarozzi, *Antol. delle opere filos. di Cicer.*, Milano, 1933; L. Laurand, *Cicéron*, 2 vols., 3ª ed., 1939; G. C. Richards, *Cicero*, London, 1935; Pauly Wissowa, art. *Tullius:* M. Gelzer, *C. als politiker*, W. K. Roll, *Die rhetor. Schriften*, R. Philippson, *Die philos. Schriften*, K. Büchner, *Briefe* y *Fragmente;* M. van de Bruwaene, *La théologie de Cicéron*, Louvain, 1937; M. J. Henry, *The*

relat. of Dogmat. a. Sceptic. in the philos. Treatises of Cicero, New York, 1935; R. PHILIPPSON, *Die Quelle des epikur. Götterlehre in Ciceros erst. Buch de nat. deor.*, Oslo, 1939 y 1945; P. BOYANCÉ, *Cum dignitate otium.*, Rev. ét. anc., 1941; M. KRETSCHNER, *Otium u. bios theoretikós in Leben u. Denken Ciceros*, Diss., Leipzig, 1938; F. SOLMSEN, *New fragm. of Cicero's de republ.*, Class. phil., 1939; F. M. BONGIOANNI, *M. T. Cicer.*, Milano, 1941; H. J. HASKELL, *This was Cicero*, 2 ed., New York-London, 1942; C. HOEG, *Introd. til Cicero*, Koebenhavn, 1942; M. MAFFII, *Cicero u. seine Zeit*, Zürich, 1943; C. BEUKERS, *Cicero's godsdienstigheid*, Nijmegen, 1942; M. VAN DEN BRUWAENE, *Études sur Cicéron*, Bruxelles, 1946; A. J. FESTUGIÈRE, *Les thèmes du songe de Scipion*, Eranos, 1946; M. N. PACKER, *Cicero's presentat. of epicur. ethics*, New York, Col. Univ., 1938; C. VICOL, *Cicer. esposit. e crit. dell'epicureismo*, Ephemeris Dacorom., Roma, 1946; M. PALLASSE, *Cicéron et les sources de droits*, París, 1946; B. RIPOSATI, *Studî sui Topica di Cicer.*, Milano, Univ. S. Cuore, 1947; F. ARNALDI, *Cicerone*, 2 ed., Bari, 1948; H. EULENBERG, *Cicero Redner Denker Staatsmann*, Wiesbaden, 1949; G. DELLA VALLE, *Cicer. editore e crit. di Lucrezio*, Accad. d'Italia, Roma, 1941; G. RIGHI e A. LANZA, *Il pens. di Cicer.*, Firenze, 1947; J. CARCOPINO, *Cicero* (transl.), London, 1951; A. GUILLEN, *Ciceron*, Madrid, 1950; A. MAGARIÑOS, *Cicerón*, Barcelona, 1951; P. A. SULLIVAN, *The plan of Cicero's philos. Corpus*, Boston, Fordham Univ., 1951; P. BOYANCÉ, *La relig. astrale de Platon à Ciceron*, Rev. ét. gr., 1952; W. RUEGG, *Cicero u. d. Humanismus*, Zürich, 1946; O. SEEL, *Cicero: Wort, Staat, Welt*, Stuttgart, 1953; J. CARCOPINO, *Cicero, The secrete of his co-*

rrespondence (transl.), London, 1951; P. DEFOURNY, *Les fondem. de la relig. d'après Cicer.*, Ét. class., 1954; B. FRASSINETTI, *Cicer. e gli dei d'Epicuro*, Riv. filol. class, 1954; H. A. K. HUNT, *The humanism of Cicero*, Melbourne Univ. Pr., 1954; E. LEPORE, *Il princeps ciceron. e gli ideali polit. della tarda repubbl.*, Napoli, Ist. studi stor., 1954; P. NUMMINEN, *Quo modo Cicero de Lucretio iudicaverit*, Turku Univ., 1953; M. RUCH, *Metéor. astron. et astrol. chez Ciceron*, Rev. ét. lat., 1954; H. F. REYNDERS, *Societas generis humani bei Cicero*, Diss. Utrecht, 1954.

N) CIENTÍFICOS DE EUCLIDES A ERATÓSTENES:

Remito a las historias de la ciencia griega citadas anteriormente (véase sección B, c), y omito la bibliografía que no tenga alguna relación con los aspectos epistemológicos y filosóficos.

1) EUCLIDES: J. L. HEIBERG, *Litteraturgeschichtliche Studien über Euklid*, Leipzig, 1882, *Euklids Elemente im mittelalter*, Zeitschr. f. Mathem., Historisch-literar. Abt. XXXV, 1890; *Paralipomena zu Euklid*, Hermes, 1903; Th. HEATH, *The thirteen Books of Euclid's Elements*, 2 ed., Cambridge, 1926; F. ENRIQUES, *Gli Elementi d'Euclide e la critica antica e moderna*, Bologna, 1925-30; O. AALTO, *Zur Psychol. d. euklid. Raumanschauung*, Acad. Scient. Fennica, Helsinki, 1946; A. LEJEUNE, *Euclide et Ptolémée Deux stades de l'optique géometr. grecque*, Univ. Louvain, 1948; B. LEVI, *Leyendo a Euclides*, Rosario, 1947; K. REIDERMEISTER, *Das exakte Denken der Griechen. Beitr. z. Deutung von Euklid, Plato u. Aris-*

toteles, Hamburg, 1949; A. GUZZO, *Posizione e deduz. in Euclide*, Semin. matem. Università Torino, 1953; *Euclide*, Filosofia, 1952.

2) ARQUÍMEDES: J. C. HEIBERG, *Quaestiones Archimedeae*, Copenhaghen, 1879, *Le rôle d'Archimède dans le developpment des sciences exactes*, Scientia, 1916; A. FAVARO, *Archimede*, Genova, 1912; G. LORIA, *Archimede*, Milano, 1928 y 1940; L. BRUNSCHVICG, *Archimède*, París, Larousse, 1939; O. NEUGEBAUER, *Archimedes u. Aristarchus*, Isis, 1942; J. BABINI, *Arquímedes*, Bs. As., Espasa Calpe, 1948; D. LACOMBE, *L'axiomatisation des mathèm. au 3e siècle a. C.*, Thales, 1949-50; Ch. MUGLER, *Archimède rèpliquant à Aristote,.*Rev. ét. gr., 1951; EDW. C. ECHOLS, *Archimedes on science a. society*, Class. Weekly, 1952; Th. HEATH, *The Works of Archimedes*, New York, 1953; A. GUZZO, *Archimede*, Filosofia, 1952; P. VER EECKE, *Note sur une interpret. erronée d'une sent. d'Archimède*, Antiq. class, 1955.

3) CLAUDIO TOLOMEO: Ver las historias de la ciencia y las de la astronomía y matemática antiguas citadas en la sección B, rubro c). Además: CHRIST-SCHMID, *Gesch. der griech. Literatur*, II, 6 ed.; P. DUHEM, *Le Système du monde*, París, 1913-17; Fr. BOLL, *Studien über Klaudius Ptolemaeus*, Leipzig, 1894, y *Das Epigramm d. Claud. Ptol.*, Sokrates, 1921; L. SCHOENBERGER, *Stud. zu I Buch d. Harmonik d. Cl. Ptol.*, Metten, 1914, Progr.; F. LAMBERT, *Ptolem. Perì Kriteriou kaì hegem. u. d. Stoa*, Wien. Stud., 1917-20, *Zu Ptolem.*, Berlin. philol. Woch., 1919; J. FISCHER, *Cl. Ptol. Geographiae codex urb. graecus 82*, Leiden-Leipzig, 1932, 4 Bde. (el I: *De Cl. Ptolem. vita, operibus*, etc.); A. GUZZO, *Tolomeo*, Filosofia, 1952.

4) GALENO: E. CHAUVET, *La psychologie de Gal.*, Caen, 1860-67, *La théologie de Gal.*, Caen, 1874; *La logique de Gal.*, Acad. sc. mor. polit., 1882; *La philos. des médecins grecs*, Paris, 1886; O. CRUSIUS, *Galen. u. Plutarch.*, Rhein. Mus, 1884; J. ILBERG, *Ueb. d. Schriftst. d. Klaud. Gal.*, Rhein. Mus., 1889; J. MUELLER, *Gal. Platonis imitator*, Acta Semin. Erlangen, 1886; Jo. PETERSEN, *In Gal. de plac. Hippocr. et Plat. libros quaest. crit.*, Diss. Göttingen, 1888; M. POHLENZ, *Quemadmodum Galenus Posidonium secutus sit*, Leipzig, 1895; K. KALBFLEISCH, *In Gal. de plac. Hipp. et Plat. libros obs. crit.*, Berlín, 1892; H. SCHOENE, *Eine Streitschr. Gal. gegen d. empir. Aerzte.*, Berl. Ak., 1901, y Rh. Mus., 1902; M. WELLMANN, *Zu Gal. Schrift*, etc., Hermes, 1903; A. BRINKMANN, *Zu Gal. Streitschr. geg. d. Empir.*, Rhein. Mus., 1904; J. MEWALDT, *Gal. über echte u. unechte Hippokratika*, Hermes, 1919; A. OLIVIERI, *Osserv. sopra un'opera mor. di Gal.*, Acc. archeol., Napoli, 1911; W. JAEGER, *Gal. Wissenschaftslehre u. d. Neuplat.* en *Nem.*, *von Apam.*, Berlín, 1914; J. MEWALDT, *Galenos*, en Pauly Wissowa; GALEN, *Werke*, Stuttgart Hippokrates Verl. y Leipzzig *Corpus med. graec.* (Teubner); J. W. STAKELUM, *Gal. a. the logik of propos.*, Roma, Angeliana, 1940; R. WALZER, *Gal. on medical exper.*, Oxford, 1944, y *Gal. on Jews a. Christians*, Oxford, 1949; KRAUS a. WALZER, *Gal. compend. Timaei Platonis;* A. J. FESTUGIÈRE, *Le compend. Timaei de Galien*, Rev. ét. gr., 1952; O. NEUGEBAUER, *Astron. fragm. in Galen's treat. on sevenmonth children*, Riv. studi orient., 1949; R. CADIOU, *Epictète et Galien*, Bull. ass. Budé, 1954; JMHOTES, *L'œuvre de Gal.*, Vié méd. intern., 1954; H. W. MILLER, *Towards a reexam. of Gal. as a scientist*, The

Bucknell Rev., 1954; O. TEMKIN, *On Gal. pneumatol.*, Gesnerus, 1951; R. WALZER, *A diatr. of Galen*, Harvard Theol. Rev., 1954; G. SARTON, *Galen of Pergamon*, Univ. of Kansas Pr., 1954.

5) ERATÓSTENES: E. P. WOLFER, *Eratosthenes von Kyrene als mathematiker und philosoph*, Groningen, 1954.

O) EL ESTOICISMO DE LA EDAD IMPERIAL: K. PRAECHTER, *Die griech. röm. Popularphilos. u. Erziehung*, Bruchsal, 1884; C. MARTHA, *Les moralistes sous l'empire romain*, París, 1894; G. GENTILE, *Studî sullo stoicismo romano del I sec. d. C.*, Trani, 1904; F. ORLANDO, *Lo stoicismo a Roma*, Roma, 1904; E. ARNOLD, *Roman Stoicism with special refer. to its development within the Roman empire*, Cambridge, 1911; E. BRÉHIER, *La cosmologie stoïc. à la fin du paganisme*, Rev. hist. relig., 64; G. NATALI, *Catone Uticense e lo stoicismo romano*, Pisa, 1910; Ad. LEVI, *Storia della filos. romana*, Firenze, 1949.

1) SÉNECA: C. A. BROLÉN, *De philosophia Senecae*, Uppsala, 1886; W. RIBBECK, *L. Annaeus Seneca als philosoph. u. sein Verhältn. zu Epikur, Plato u. d. Christentum*, Hannover, 1887; L. LEVY-BRUHL, *Quid de Deo Seneca senserit*, París, 1884; C. CORSI, *Lo stoicismo rom. considerato in Seneca*, Prato, 1884; A. BECKER, *D. sittl. Grundansch. Seneca's*, Köln, 1893; A. GERCKE, *Seneca Studien*, Jahrb. Klass. Phil. Suppl., 1899, y *Studia Annaeana*, Greifswald, 1900; L. FRIEDLAENDER, *Der philos. Seneca*, Histor. Zeitschr., 1900; E. SPIE, *De philos. Anaeanae gradis et mutat.*, Halle, 1900; S. RUBIN, *Die Ethik Senecas in ihr Verhältn.*, etc., Bern, 1901; F. VON HAGEN, *Zur Metaph. d. philos. L. A. Seneca*, Erlangen, 1905; C. PASCAL, *Seneca*, Catania,

1906, y *La relig. di Seneca,* Ist. Lomb., 1906; D. BASSI, *Seneca a Lucilio,* Firenze, 1913, y *Seneca morale,* Firenze, 1914; H, MUTSCHMANN, *Seneca u. Epikur,* Hermes, 1915; E. HOWALD, *Die Weltansch. Senecas,* N. Jahrb., 1915; C. MARCHESI, *Seneca,* Messina, 1920, y Firenze, 1934; F. HOLLAND, *Seneca,* London, 1920; F. RUSSO, *Seneca,* Catania, 1921; R. M. GUMMERE, *Seneca the philos.,* Boston, 1922; P. FAIDER, *Études sur Senèque,* Gand, 1921; R. MÜNSCHKER, *Senecas Werke,* Philol, Suppl., 1922; A. BOURGERY, *Sénèque prosateur,* París, 1922; E. ALBERTINI, *La compos. dans les ouvr. philos. de Sénèque,* París, 1923; L. CASTIGLIONI, *Studî int. a Sen. prosat. e filos.,* Riv. filol., 1924; A. BAILLY, *La vie de Sén.* y *La pensée de Sén.,* París, 1929; V. D'AGOSTINO, *Seneca filos. studiato in Italia dal 1920 al 1930,* Convivium, 1931; M. GENTILE, *I fondam. metaf. della morale di Seneca,* Milano, 1932; B. AXELSON, *Seneca Studien* y *Neue Seneca Studien,* Lund, 1933-39; A. PITTET, *Vocabulaire philosoph. de Sénèque,* París, 1937; C. W. MENDELL, *Our Seneca,* New Haven, Yale Univ., 1941; W. RICHTER, *L. A. Seneca,* diss. München, 1940; Th. SCHREINER, *Seneca im Gegensatz zu Paulus,* Tübingen, 1936; P. ESQUENET, *Ess. sur les idées philos. et relig. de Sén.,* Univ. Louvain, 1943; A. FITZER, *Philos. u. Leben bei Sen.,* Diss. Greifswald, 1943; G. MANGELEER, *De nat. quaest. von Sen.,* Univ. Louvain, 1942; M. POHLENZ, *Philos. u. Erlebn. in Senecas Dial.,* Götting. Gesell, 1941; P. THÉVENAZ, *L'interiorité chez Sénèque, Mél. Niedermann,* Neuchatel, 1944; A. FULCONIS, *Le vocabul. psychol. de Sén.,* Faculté Lettres, París, 1943-44; F. MARTINAZZOLI, *Seneca. La morale ellenist. nell'esper. romana,* Firenze, 1945; C. GUTU, *L. A. Seneca,* Bucaresti, 1944; B. A. VAN PROOSDIJ, *Seneca als moralist,* I-II, Leiden Brill, 1946-47; P. GRIMAL,

Sénèque. Sa vie, son œuvre sa philos., París, 1948; W. H. ALEXANDER, *Seneca the philos.*, Royal Soc. Canada, 1948; A. DE BOVIS, *La sagesse de Sén.*, París, 1948; P. COLLARD BOVY, *Sénèque le philos. à la rech. d'un idéal de vie*, Univ. Louvain, 1946; J. F. YELA, *Séneca*, Barcelona, 1947; G. SOURY, *Le probl. de la providence chez Sénèque*, Bull. Soc. Ant. de France, 1945-47; W. GAUSS, *Das Bild des Weisens bei Sen.*, Diss. Freiburg Schw., 1952; A. DELATTE, *Le sage-témoin dans la philos. stoïco-cynique*, Acad. Belg., 1953; A. GUILLEMIN, *Sénèque directeur d'âmes*, Rev. ét. lat., París, 1953; Th. HERMES, *Epikur in d. Epist. mor. Senecas*, Diss. Marburg, 1951; E. de SAINT DENIS, *Sénèque et la noblesse de l'enseign.*, Inform. littér., París, 1953; J. ARTIGAS, *Séneca. La filos. como formación del hombre*, Madrid, 1952; I. LANA, *Lucio Anneo Seneca*, Torino, 1955; R. SCHOTTLAENDER, *Epikureisches bei Seneca*, Philol., 1955.

2) EPÍCTETO: A. BONHOFFER, *Epiktet u. die Stoa*, Stuttgart, 1890; *Die Ethik d. stoikers Epiktet*, Stuttgart, 1894; *Epiktet u. d. Neue Testament*, Giessen, 1911; T. ZAHN, *Der stoik. Epikt. u. sein Verhältn. zu Christ.*, Erlangen, 1894-95; K. VORLAENDER, *Christl. Gedanken eines heidn. Philos.*, Preuss. Jahrb., 1897; L. Weber, *La morale d'Epictète*, Rev. mét. mor., 1905; O. HALBAUER, *De diatribis Epict.*, Lipsia, 1911; M. J. LAGRANGE, *La philos. relig. d'Epict. et le christian.*, Rev. biblique, 1912; D. S. SCHARP, *Epict. and the New Testam.*, London, 1914; F. SCHWEINGRUBER, *Sokrates und Epiktet*, Hermes, 1943; A. JAGU, *Épictète et Platon*, París, Vrin, 1946; *La religion d'Épictète*, Rech. et travaux, Anger, 1946; Ph. DE LACY, *The ethics of Epictetus*, Class. Phil., 1943; W. CAPELLE, *Epiktet, Teles und Musonius, Wege zu glückseligen Leben*, Zürich, 1948; V. D'AGOSTINO, *Studi sul neo-*

stoicismo. Seneca, Plinio il giov., Epitteto, M. Aurelio, Torino, 1950; D. PESCE, La morale di Epitteto, Riv. filos., 1939; W. A. OLDFATHER, Contrib. towards a bibliogr. of Epictetus, Urbana Ill. Univ., 1952; R. JOLY, La charité païenne. A propos d' Épictète, Univ. Liège, 1953; F. LE HIB, Les fondem. psychol. et relig. de la morale d' Épictète, Ass. G. Budé, 1954; J. BONFORTE, The philosophy of Epictetus, New York, Philos. Libr., 1955.

3) MUSONIO RUFO: C. E. LUTZ, Musonius Rufus, the roman Socrates, Yale Class. Studies, 1947; A. C. VAN GEYTENBECK, Musonius Rufus en de Griekkse diatribe, Amsterdam-París, 1949.

4) MARCOS AURELIO ANTONINO: E. RENAN, Marc Aurèle et la fin du monde antique, París, 1882; A. HUIT, Le stoïcisme de M. Aurèle, Ann. philos. chrét., 1882; P. B. WATSON, The life of M. Aur. Antoninus, London, 1884; B. GABBA, Di M. Aur. Ant. imperat., Milano, 1884; J. LINDSAY, The ethical philos. of M. Aur., Arch. Gesch. Philos., 1903; G. C. FUSCI, La filos. di Antonino in rapp. con la filos. di Seneca, Musonio e Epitteto, Modica, 1904; L. ALSTON, Stoic. a. Christ. in the II century. A. compar. of the ethic teach. of M. Aur. with that of contemp. a. antec. christ., London, 1906; Z. W. BUSSEL, M. Aur. and the later Stoics, Edinburgh, 1910; H. DWIGHT SEDGWICK, Marcus Aurelius, New Haven, 1921; G. LOISEL, Marcaurelia, Doctrine neostoïc. de la vie relig., mor. et soc., París, 1928, y La vie de M. Aurèle, philos. et emp., Paris, 1929; U. VON WILAMOWITZ-MÖLLENDORFF, Kaiser Marcus, Berlín, 1931; F. H. HAYWARD, M. Aurelius, London, 1935; L. A. STELLA, Romanità di M. Aur., Acc. Lincei, 1935, W. GOERLITZ, M. Aurel. Kaiser u. Philos., Leipzig, 1936; A. CRESSON, Marc Aurèle, París, 1939; G. SOLE-

RI, *Marco Aurelio*, Brescia, 1947; F. MARTINAZZOLI, *La successio di M. Aurelio*, Bari, 1951; H. R. NEUENSCHWANDER, *M. Aureles Beziehungen zu Seneca u. Poseidonios*, Bern, 1951; A. S. L. FARQUHARSON, *M. Aur., his life a. his world*, Oxford-New York, 1951; L. ALFONSI, *Contrib. allo studio delle fonti del pens. di M. Aur.*, Aevum, 1954; W. GOERLITZ, *M. Aurel Kaiser u. Philosoph.*, Stuttgart, 1954; P. NOYEN, *M. Aurèle et le probl. de l'irresp.*, Nouv. Clio, Bruxelles, 1954, *Divus Marcus*, Rev. intern. de droit de l'antiq., 1954, *M. Aur. the greatest practician of stoicism*, Antiq. class., 1955.

P) JUDEO-ALEJANDRINOS:

1) Sobre el pensamiento hebreo de la época: E. SCHUERER, *Gesch. d. Jüd. Volkers im Zeitalter J. Chr.*, Leipzig, 1901-11; A. LOISY, *La religion d' Israël*, París, 1908; W. BOUSSET, *Die Religion d. Judent. im neutestam. Zeitalter,* Berlín, 1906, y *Jüdisch-christlicher Schulbetrieb in Alexandría u. Rom.*, Berlín, 1915; P. KRUEGER, *Hellenismus u. Judent. im neutestam. Zeitalter,* Leipzig, 1908; P. WENDLAND, *Die hellen. röm. Kultur in ihr. Bezieh. zu Judent. u. Christ.*, Tübingen, 1912; H. BOIS, *Essai sur les origines de la philos. judéo-alex.*, Toulouse, 1890; S. KARPFE, *Étude sur les origines et la nature du Zohar,* París, 1901; L. BOUILLON, *L'église apostol. et les juifs philos. jusqu'à Philon*, París, 1913; M. FRIEDLAENDER, *Griech. Philos. im alt. Testam.*, Berlín, 1904; E. SELLIN, *Die Spuren griech. Philos. im alt. Testam.*, Leipzig, 1905; M. JOEL, *Blicke in d. Religionsgesch. z. Anf. des 2 christl. Jahrh. Der Talmud, Aristobul, Die Gnosis*, Breslau, 1880.

2) Sobre Filón alejandrino: C. SIEGFRIED, *Phil. von Alex. als Ausleger d. alt. Testam.*, Jena, 1875; J. DRUMMOND, *Philo Judeus*, London, 1888; H. VON ARNIM, *Quellenstudien zu Philo v. Alex.*, Philol. Unters., 1888; L. MASSEBIEAU, *Le classem. des oeuvres de Philon*, París, 1888; M. FREUDENTHAL, *Die Erkenntnisth. Philons von Alex.*, Berlín, 1891; P. WENDLAND, *Philons Schrift üb. Vorschung*, Berlín, 1892, *Philon u. Clem. Alex.*, Hermes, 1896, *Die Therap. und d. philon. Schrift von besch. Leben*, Jahrb. Klass. Phil., 1896; F. HERRIOT, *Philon le Juif*, París, 1898; H. GUYOT, *L'infin. divine dep. Philon*, París, 1906; G. FALTER, *Philon u. Plotin*, Giessen, 1906; A. PELLI, *Studî su Filone giudeo*, Bologna, 1906; MASSEBIEAU et BRÉHIER, *Essai sur la chronol. de la vie et des oeuvres de Philon*, Rev. hist. relig., 1906; MARTIN, *Philon*, París, 1908; E. BRÉHIER, *Les idées philos. et relig. de Philon d'Alexandrie*, París, 1908 y 1951; P. HEINISCH, *Der Einfluss Philons auf d. ält. christl, Exegese*, Münster i. W., 1908; M. CARACCIO, *Filone d'Aless.*, Padova, 1911; M. LOUIS, *Philon le Juif*, París, 1911; L. COHN, L. TREITEL, J. HEINEMANN, J. HOROWITZ, estudios sobre Filón en Festschrift Cohen, Berlín, 1912; L. TREITEL, *Gesamte Theol, u. Philos. Philons von Alex.*, Berlín, 1923; J. HEINEMANN, *Philons griech. u. jud. Bildung*, 1932; H. LEISEGANG, *Philons Schrift üb. d. Ewig. Keit d. Welt*, Philol., 1937; GOODHART and GOODENOUGH, *The politics of Philo Judeus*, with a bibliography, New Haven, Yale Univ., 1938; N. VOELKER, *Fortschritt u. Vollendung bei Philo von Alex.*, Leipzig, 1938; S. BELKIN, *Philo and the oral law*, Cambridge Mass., Harv. Univ., 1940; E. B. GOODENOUGH, *An Introd. to Philo Judeus*, New Haven, Yale Univ., 1940; H. A. WOLFSON, *Philo on free will*,

Harvard theolog, Rev., 1942; A. BECKAERT, *Dieu dans la philos. de Philon*, Thèse Sorbonne, 1943 y *Les théories psychol, de Philon*, ibid.; E. B. GOODENOUGH, *Philo on the immortality*, Harvard theol. Rev., 1946; H. A. WOLFSON, *Philo. Found. of relig. philos.*, Cambridge Mass., 1947; J. GIBLET, *L'homme image de Dieu dans les comm. littér. de Philon*, Studia hellenistica, Leiden, 1948; A. LEVI, *Il probl. dell' errore in Filone d'Aless.*, Riv. storia filos., 1950; K. JONAS, *The problem of the Knowledge of God in the teaching of Philo of Alex.* (en hebreo), Jerusalem, 1949; P. KATZ, *Philo's Bible*, Cambridge Univ. Pr., 1950; E. VAN DER LINDEN, *Les divers modes de la connaiss. de Dieu selon Philon d'Alex.*, Mél. de scienes relig., Lille, 1947; R. M. GUASTALLA, *Judaïsme et hellénisme. La leçon de Philon d'Al.*, Rev. ét. juives, 1946-47; H. LAURENTIN, *Le pnéuma dans la doctr. de Philon*, Ephém. théol., Louvain, 1951; J. COSTE, *Notion grecque et not. biblique de la souffrance éducatrice*, Rech. scienc., relig., París, 1955.

Q) NEOPITAGÓRICOS Y PLATÓNICOS ECLÉCTICOS PITAGORIZANTES:

N. JUELG, *Neopythagor. Studien*, Wien, 1892; E. BICKEL, *Neopythagor. Kosmologie*, Philol., 1924, J. CARCOPINO, *Études romaines: La Basilique Pythagoricienne de Porte Majeure*, París, 1926.

1) Sobre NIGIDIO FIGULO: H. HERTZ, *De P. Nigidii Figuli studiis atque operibus*, Berlín, 1845; F. BUECHELER, *Zu Nig. Fig.*, Rhein. Mus. 1858; H. ROEHRIG, *De P. Nig. Fig. capita duo*, Coburgo, 1887; A. SWOBODA, pref. a la ed. de las obras, Praga-Wien-Leipzig, 1881;

A. GIANOLA, *P. Nig. Fig. astrologo e mago*, Roma, 1903; L. LEGRAND, *P. Nig. Fig. philosophe néopythag. orphique*, París 1931.

2) Sobre APOLONIO de Tiana y FILÓSTRATO: R. G. S. MEAD, *Apoll. of Tyana, the philos. reformer of the first century a. d.*, London, 1901 (Trad. franc., París. 1906); T. WHITTAKER, *Apollon. of Tyana*, London, 1906; M. WUNDT, *Apoll. von T., Prophetie und Mythenbildung*, Zeitschr. f. wiss. Theol., 1906; F. W. G. CAMPBELL, *Apollonius of Tyana: a study of his life a. times*, London, 1908; J. MILLER, *Apoll. Tyan*, en Pauly Wissowa, Real Encycl.; CHRIST-SCHMID, *Geschichte der griech. Literatur;* B. LATZARUS, *Un pythagor. thaumaturge: Apoll. de Tyane*, Rev. Cours et confér., 1940; A. CALDERINI, *Teoria e prat. politica nella vita di Apoll. di Tiana*, Ist. Lomb., 1941; B. A. VAN GRONINGEN, *Apoll. de Tyane*, Bull. Fac. Lettr. Strassbourg, 1951-52; F. SOLMSEN, *Some works of Philostratus the Elder*, Amer. Philol. Ass., 1940.

3) Sobre NICÓMACO de Gerasa y ANATOLIO: M. SIMON, *Die ersten 6 kapit. der Isag. arithm. des Nicom.*, Arch. Gesch. Naturwiss., 1900; F HULTSCH, *Zur Literat. des Nicom. von Ger.*, Jahrb. Klass, Philol., 1868; P. TANNERY, *Revue de philologie*, 1889 y Prólogo a J. L. HEIBERG, *Anatolius sur les dix premiers nombres*, París, 1900; F. BÜCHELER en Rhein. Museum, 1908; F. HULTSCH en Pauly Wissowa, Real Encycl., HEISENBERG en Byzantinische Zeitschr., 1902; V. DE FALCO, *Sui trattati aritmologici di Nicomaco e di Anatolio*, Riv. indogreco-italica, 1922.

4) Sobre HERMES TRISMEGISTO: R. REITZENSTEIN, *Zwei religionsgeschichtl. Fragen*, Strassburg, 1901; *Poimandres*, Leipzig, 1904; Th. ZIELINSKI, *Hermes und die*

Hermetik, Arch. f. Religions Wiss., 1905-06; J. KROLL, *Die Lehren d. Hermes Trism.,* Münster im Westf., 1913 y art. *Hermes Tris. meg.* en Pauly Wissowa, Real Encycl.; P. BOYLON, *Toth the Hermes of Egypt,* Oxford, 1922; J. KROLL, *Die Lehren des Hermes Trismegistos,* Münster, 1928; Th. ZIELINSKI, *La cosmogonie de Strasbourg,* Scientia, 1941; A. J. FESTUGIÈRE, *Le logos hermétique d'enseignement,* Rev. ét. grecq., 1942; J. HIMPENS, *La cosmogonie dans les écrits hermétiques,* Thèse Univ. Louvain, 1943 (Rev. belge de philos., 1943); A. J. FESTUGIÈRE, *L'hermétisme,* Bull. Soc, lettres de Lund, 1947-48; *La révélation d'Hermès Trismégiste:* I *L'astrologie et les sciences occultes,* Paris, Gabalda, 1944, II *Le dieu cosmique,* ibid., 1948; NOCK et FESTUGIÈRE, ed. y trad. de *Hermès Trismégiste,* I-II, Paris, Belles Lettres, 1945; G. C. A. EVOLA, *La tradiz. ermetica nei suoi simboli, nella sua dottr. e nella sua arte regia,* Bari, 1948 (2 ed.); P. RENARD, *Le mysticisme cosmique dans le Corpus hermeticum,* Thèse Univ. Louvain, 1950; H. GUNDEL, *Poimandres,* Pauly Wissowa Real Encykl., 1951; FESTUGIÈRE, *La pyramide hermétique,* Mus. Helvet, 1949-50; *La revél. d'Herm. Trism. III-IV Les doctrines de l'âme,* suivi de JAMBLIQUE, *Traité de l'âme* et PORPHYRE, *De l'animat. de l'embryon,* París, 1953-54; G. VAN MOORSEL, *The mysteries of Hermes Trismegistus,* Utrecht, 1955.

5) Sobre PLUTARCO de Queronea: R. VOLKMANN, *Leben, Schr, u. Philos. d. Plut. von Chäron.,* Berlín, 1860. O. GRÉARD. *De la morale de Plutarque,* 5ª ed., París, 1892; R. VOLKMANN, *Leben, Schriften u. Philos. des Plut.,* 2ª ed., Berlín, 1872; R. HIRZEL, *Der Dialog,* Leipzig, 1895; A. DYROFF, *Die Tierpsychol, d. Plut. von Ch.,* Würzburg, 1897; O. APELT, *Zu Plut. und Platon,*

Jena, 1905; J. FAVRE, *La morale de Plut.*, París, 1909; R. HIRZEL, *Plutarchos*, Leipzig, 1912; L. PARMENTIER, *Rech. sur le traité d'Isis et d'Osiris de Plut.*, Acad. Belg. Bruxelles 1913; G. HEIN, *Quaestiones plutarch.*, Berlín, 1916; R. M. JONES, *The Platonism of Plut.*, Chicago, 1916; B. LATZARUS, *Les idées religieuses de Plutarque*, París, 1920; CHRIST-SCHMID-STAEHLIN, *Gesch d. griech. Litter.*, Mónaco, 1920; E. ZELLER, *Die Philos. d. Griech.*, 5 Aufl., Leipzig, 1923; D. BASSI, *Il pens. morale, pedagog., relig, di Plutarco*, Firenze, 1927; P. THEVENAZ, *L'âme du monde, le devenir et la matière chez Plutarque*, París, 1938; E. G. LEDOS, *Catalogue des ouvrages de Plutarque*, París, Impr. Nation., 1938; A. FERRO, *Le idee relig. di Plut.*, Arch. cult. ital., 1940; R. SCHAERER, *Sur l'orig. de l'âme et le probl. du mal dans le platon.*, Rev. théol. et philos., Lausanne, 1939; G. SOURY, *La démonol. de Plut.*, París, 1942; L. LATOUR, *Les idées pédag. de Plut.*, Thèse Univ. Louvain, 1943; A. TORHOUDT, *Een onbekend gnostich system in Plutarchus*, Louvain, Univ., 1942; H. BOLKENSTEIN *Adversaria critica et exegetica ad Plutarchi quaestiones conviv.*, Amsterdam-Paris, 1946; A. ALMQUIST, *Plutarch u. d. Neue Testament*, Uppsala, 1946; R. DEL RE, *Il pensiero metafisico di Plutarco*, Studî ital. filol. class., 1949; K. ZIEGLER, *Plutarchos von Chaironeia*, Pauly Wissowa Real Encykl., 1949; R. FLACELIÈRE, *Sur la disparition des oracles* (Texte, trad., notes), París, Belles Lettres, 1947; W. P. THENNISSEN *Plutarchus. Een bloembering ut zijn geschriften*, Haarlem, 1950, H. CHERNISS, *Notes on Plutarch's De facie in orbe lunae*, Class. Phil., 1951; H. HADAS, *The religion of Plut.*, Rev. of Relig. 1941-42; H. SCHLAEFFER, *Plutarch u. d. Klass, Dichter*, Zürich, Juris Verl.,

1950; C. THEANDER, *Plutarch u. d. Geschichte*, Lund, Gleerup, 1951; H. ERBSE, *Plutarchs Schrift Perì deisidaimonías*, Hermes, 1952; A. FLACELIÈRE, *Plutarque apologiste de Delphes*, Inform. littér, Paris, 1953; A. PLEBE, *La teoria del comico da Aristótele a Plutarco*, Fac. Filos, Lett., Torino, 1952; N. BOURNAT, *Le sage et son démon*, París, Michel, 1950; A. M. LEVI, *Plutarco e il V sec.*, Bibl. stor. universit, Milano, 1955; R. WESTMANN, *Plutarch gegen Kolotes*, Helsinsk' Soc. Philos. 1955; R. MONDOLFO, *La comprensión del sujeto humano*, etc., (parte III), Buenos Aires, 1955; H. CHERNISS y W. C. HELMBOLD, *Introd.* del vol. XII de *Plutarch's Moralia*, Loeb Class. Libr., 1957.

6) OTROS PLATÓNICOS: G. MARTANO, *Due precursori del neoplatonismo* (Severo y Attico), Napoli, Viti, 1956; E. H. HEIGHT, *Apuleius and its influence*, London, 1927; Th. SINKO, *De Apulei et Albini doctrinae platonicae adumbratione*, Acad. liter. Cracov., 1905; H. A. WOLFSON, *Albinus and Plotinus on divine attributes*, Harvard Theol., Rev. 1952.

7) CELSO: E. ZELLER, *Vortr. u. Abhandl.*, II Samml. 1877; O. HEINE, *Ueber Celsi alethés logos*, Philol. 1888; P. KOETSCHAU, *Die Gliederung des alethés logos d. Celsus*, Jahrb. f. prot. Theol., 1892; F. M. MUELLER, *Die wahre Geschichte des Celsus*, Deustsche Rundsch., 1895; KURT SCHMIDT, *De Celsi libro qui inscribitur*, etc., Jahrb. d. philos. Fak. in Göttingen, 1922; O. BARDENHEVER, *Gesch. d. altchristl. Liter.*, 1911; K. J. NEUMANN, *Celsus* en Pauly Wissowa; R. BADER, *Der alethés Logos d. Kelsos*, Tübinger Beitr. Stuttgart-Berlin, 1940; Q. CATAUDELLA, *Celso e l'epicureismo*, Ann. Scuola Norm. Sup. Pisa, 1943; A. WIFSTRAUD, *Die wahre Lehre des Kelsos*,

Lund 1942; H. CHADWICK, *Origen, Celsus a. the resurrect, of the body,* Harvard Theol. Rev., 1948; R. BADER, *Der alethés logos des Kelsos,* Stuttgart, Kohlhammer, 1940.

8) NUMENIO DE APAMEA: C. E. RUELLE, *Le philos. Numene et son pret. traité de la matière,* Rev. de philos, 1869; Fr. THEDINGA, *De Numénio philos. platon.* (introd. a la recopilación de los fragmentos), Bonn, 1875; *Plotin oder Numenius,* Hermes, 1917, 1919, 1922; K. S. GUTHRIE, *Numen. of Apamea,* Luzac, 1917; A. E. LEEMANS, *Numenios van Apamée,* Bruxelles, 1937; J. M. VON DER VEN, *Numenius von Apamea,* R. N. S., 1937; C. MARTANO, *Numenio di Apamea, un precursore del neoplatonismo,* Roma, 1941.

R) EL NEOPLATONISMO:

1) NEOPLATONISMO EN CONJUNTO:
J. SIMON, *Histoire de l'école d'Alexandrie,* París, 1843-45; E. VACHEROT, *Histoire critique de l'école d'Alex.,* París, 1846-51; H. KRAUSE, *Studia neoplatonica,* Leipzig, 1904; P. R. E. GUENTHER, *Das Problem der Theodizee im Neuplat.,* Leipzig, 1906; R. BERTHELOT, *Évolution et platonisme,* París, 1908; S. SCHINDELE, *Aseität Gottes, Essentia und Existentia im Neuplaton.,* Philos. Jahrb., 1909; K. ZIEGLER, *Zur neuplat. Theologie,* Arch. f. Religionswiss., 1910; K. PRAECHTER, *Richtungen u. Schulen im Neuplaton.,* Genethliakon, Berlín, 1910; C. TRAVAGLIO, *L'estetica degli Alessandrini,* Acc. Scienze Torino, 1912; H. LEISEGANG, *Die Raum-Theorie im spät. Platonismus,* Strassburg, 1911; Th. WHITTAKER, *The Neopla-*

tonists, 2ª ed. Cambridge, 1918; W. JAEGER, *Nemesios von Emesa. Quellenforschung. zu Neuplaton.*, Berlín, 1914; K. PRAECHTER, *Christl. neuplaton. Bezieh.* Byzant., Zeitschr., 1912; Ch. BOYER, *Christian, et néoplaton, dans la format. de St. Augustin*, París, 1921; G. CAPONE BRAGA, *Il mondo delle idee*, Città di Castello, 1928; G. E. BARIÉ, *Di alcune cause della metaf. relig. alessandrina*, Acmé, Milano, 1948; A. C. LLOYD, *Neoplat. logic a. aristot. logic*, Phronesis, 1955-56.

2) Ps. LONGINO: *Du sublime* ed. LEBEQUE, coll. Budé, 1939; *Anonimo del sublime*, Testo, trad. e note di A. ROSTAGNI, Milano, 1947; B. WEINBERG, *Translat. and commentaries of Longinus to 1600. A bibliography*, Modern philology, 1950.

3) ESCUELA NEOPLATÓNICA DE ALEJANDRÍA:
a) AMONIO SACCA: H. VON ARNIM, *Quellen d. Ueberliefer. üb. Ammon. Sakkas*, Rhein. Mus., 1887; E. ZELLER, *Ammon. Sakkas u. Plotin*, Arch. Gesch. Philos., 1894; F. HEINEMANN, *Ammonios Sakkas u. d. Ursprung d. Neuplaton.*, Hermes, 1926; E. ELORDUY, *¿Es Amonio Sakkas el Pseudo Areopagita?* Estudios eclesiásticos, 1944, *Ammonio Sakkas, la leyenda de su apostasía*, Pensamiento, 1947; E. SEEBERG, *Ammonius Sakkas*, Zeitschr. f. Kirchengesch., 1942, A. TOVAR, *El pseudo Dionisio y Amonio Sakkas*, Emerita, 1948; H. DOERRIE, *Ammonios, der Lehrer Plotins*, Hermes, 1955.

b) PLOTINO: BERT MARIEN, *Bibliografia critica degli studi plotiniani*, a cura di V. CILENTO, Bari, 1949; A. RICHTER, *Neuplaton Studien: I. Leben, II. Metaph., III. Theol. u Phys., IV. Psychol., V. Ethik d. Plotin*, Halle, 1864-67; H. F. MUELLER, *Ethices Plotin. lineam.*,

Berlín, 1867, *Für und über Plotin,* Leipzig, 1873. *Zur Lehre von Schön. bei Plot.,* Philos. Monatsh., 1876, *Plotin. Forsch. nach d. Mater.,* Nordhausen, 1883; H. VON KLEIST, *Plotin. Kritik d. Material.,* Philos. Monatsh., 1878, *Der Gedankengang im Plotin.,* Fleusburg, 1881, *Plotin. Studien,* Heidelberg, 1883; A. COVOTTI, *La cosmogonia plotiniana,* Acc. Lincei, 1895, *Il Cosmos noetós di Plotino,* Riv. ital. di filos., 1807 (ambos en el volumen *Da Aristotele ai Bizantini,* Napoli, 1935); C. SCHMIDT, *Plotins Stellung z. Gnostik. u Christent.,* Leipzig, 1901; J. LINDSAY, *The philosophy of Plot.,* Arch. Gesch. Philos., 1902; W. LUTOSLAWSKI, *L'estét. de Plotin,* Ak. Wiss. Krakau, 1903; F. PIVAVET, *Plotin et les myst. d'Eleus.* París, 1903; K. HORST, *Plotin. Aesthet.,* Gotha, 1905; H. GUYOT, *Les réminisc. de Philon chez Plotin,* París, 1906; A. DREWS, *Plot. und d. Unterg. d. ant. Weltansch.,* Jena, 1907; H. A. OVERSTREET, *The dialect. of Plot.,* Berkeley, 1909; K. S. GUTHRIE, *Plotin, his life, times and philos.,* Chicago, 1909; C. TRAVAGLIO, *La vera conosc. secondo Plotino,* Acc. sc. Torino, 1911; B. A. G. FULLER, *The problem of civil in Plotin,* Cambridge, 1912; H. F. MUELLER, *Plotin,* Sokrates, 1914-16 y 1919 y varios estudios plotinianos en Hermes, 1913-14-16-17-19, N. Jahrb. 1914 y 1919, Germ. röm. Monatschr., 1915, Rhein. Mus., 1916, Arch. Gesch. Philos., 1917; W. R. INGE, *The philosophy of Plotin,* 2 vols., London, 1918; M. WUNDT, *Plotin,* Leipzig, 1919; Fr. HEINEMANN, *Plotin,* Leipzig, 1921; G. MEHLIS, *Plotin.* Stuttgart, 1924; E. MORSELLI, *Plotino,* Milano, 1927; E. BRÉHIER, *La philos. de Plotin,* París, 1928; E. KRAKOWSKI, *Plotin et le pagan. relig.*, 1933; J. GUITTON, *Le temps et l'éternité chez Plotin et St. Augustin*, París, 1933; C. CARBONARA, *La filosofia di Plotino*, Roma, 1938; P. HENRY, *Études plotiniennes:* I *L'état du texte de Plot.*, II *Les manuscrits des Ennéades*, Paris, 1938-41; A. H. ARMSTRONG, *The architect. of the intellig. universe, in the philos. of Plot.*, Cambridge Univ. Pr. 1940; O. BECKER, *Plotin u. das Probl. d. geist. Aneignung*, Berlín, 1940; S. CARAMELLA, *La filos. di Plotino e il neoplaton.*, Catania, 1940; W. THEILER, *Plotin u. die ant. Philosophie*, Mus. Helvet, 1941; F. J. BRECHT, *Plotin u. das Grundproblem d. griech. Philos.*, Antike, 1942; K. H. VOLKMANN SCHLUCK, *Plotin als Interpr. d. Ontologie Platos*, Frankfurt, 1942; L. PELLOUX, *L'assoluto nella dottrina di Plot.*, Milano, 1941; G. FAGGIN, *Plotino*, Milano, 1945; A. GRABAR, *Plotin et les origines de l'esthétique médiévale*, Paris, 1945; O. J. JENSEN, *Plotin*, Koebenhavn, 1948; P. HENRY, *Les manuscr. des Enneades*, Bruxelles, 1948; B. SWITALSKI, *Neoplatonism a. the ethics of St. Augustin*, New York, 1946; L. PELLOUX, *Plotino*, 2 ed., Brescia, 1945; H. R. SCHWYZER, *Plotinos* en Pauly Wissowa Real Encycl., 1951, y *Die älteste Plotin. Handschrift*, Rhein. Mus., 1950; C. GIACON, *Motivi plotiniani*, Padova, 1950; G. SOLINAS, *La dottr. delle categ. nella filos. di Plot.*, Ann. Univers. Cagliari, 1950; G. DALLA VOLPE, *La mistica da Plotino a S. Agostino*, Messina, 1950; J. KATZ, *Plotinus' Search for the Good*, Oxford Univ. Press. 1950; A. LEVI, *Il concetto dell' errore nella filos. di Plotino*, Filosofia, 1951; J. MURRAY, *The ascent of Plotinus to God*, Gregorianum, 1951; M. de GANDILLAC, *La sagesse de Plotin*, Paris, 1952; H. CHERNISS, *Plotinus.*

A definitive edit. and a new transl., Rev. of Metaph., 1952; Ph. V. PISTORIUS, *Plotinus and neoplatonism*, Cambridge, 1952; J. ZUCKER, *Plotin u. Lykopolis*, Berlin, Ak. Verl., 1950; G. CARRIERE, *La catharsis plotinienne*, Divus Thomas, 1951, *L'homme chez Plotin*, Congr. Intern. Philos., 1953; Ph. MERLAN, *Plotinus a. magic*, Isis, 1953; P. AUBIN, *L'image, dans l'oeuvre de Plotin*, Rech. sciences relig., 1953; A. ARMSTRONG, *Plotinus (selections)*, London, 1953; C. CARBONARA, *La filosofia di Plotino*, Napoli, 1954; J. TROUILLARD, *La purific. plotin.*, París, Press. Univ., 1955 y *La procession plotin.*, ibid., 1955; A. C. LLOYD, *Neoplat. logic a aristot. logic*, Phronesis, 1955; F. BOURBON DI PETRELLA, *Il probl. dell'arte e della bellezza in Plotino*, Firenze 1956.

c) PORFIRIO: A. J. KLEFFNER, *Porphyrios d. Neuplat. u. Christenfeind*, Paderborn, 1896; Fr. BOERTZLER, *Porph. Schrift von d. Götterbild*, Erlangen, 1903; P. HESELER, *Zu Porph. Schrift: Aphormai pros ta noetà*, Kreuznach, 1909; C. TRAVAGLIO, *La psicologia di Porfirio*, Ist. Lomb., 1913; J. BIDEZ, *Vie de Porphyre le philos. néplat.*, Gand-Leipzig, 1913; W. BOUSSET, *Zur Dämonol. d. spät. Ant.*, Arch. Religionswiss., 1915; H. JAEGER, *Die Quellen Pythagorasbiogr. des Porph.*, Zürich, 1919; P. de LABRIOLLE, *Porphyre et le Christianisme*, R. H. P., 1929; H. R. SCHWYZER, *Die pseudaristot. Theologie u. d. Plotin Ausgabe des Porphyrios*, Rhein. Mus., 1941; J. TRICOT, *Isagoge*, ed. et notes, París, 1947; PUGLIESE CARRATELLI, ed. de la *Vita di Plotino, etc.*, Napoli, 1946; P. BENOIT, *Un advers. du christianisme, au 3 siècle: Porphyre*, Rev. Bibl., 1947; G. MARTANO, *Il concetto di materia nelle Aphor-*

mai porfiriane, Riv. crit. storia filos., 1950; R. BENTLER, *Porphyrios* en Pauly Wissowa Real Encycl., 1953; F. ALTHEIM und R. STIEHL, *Mazdak und Porphyrios*, Nouvelle Clio, Bruxelles, 1953; *Porphyrios und Empedokles*, Tübingen, 1954; G. FAGGIN, *Lett. a Amebo e Lett. a Marcella*, testo e comm. Firenze, Fussi, 1954.

4) ESCUELA SIRIA Y DE PÉRGAMO:
   a) JÁMBLICO: E. ROHDE, *Die Quellen d. Jamblichos in sein. Biogr. d. Pythagoras*, Rhein. Mus., 1871-72 *(Kleine Schrift.* II); G. BERTERMANN, *De Jambl. vitae Pythag. fontibus*, Königsberg, 1913; V. DE FALCO, *Sui Theolog. arithm.*, Riv. indo-greco-ital., 1922-23; C. RASCHE, *De Jamblicho, libri qui describ. de mysteriis auctore*, Münster im Westf. 1911; E. R. DODDS, *Theurgy a. its relationship to neoplatonism*, Journ. Rom. Stud., London, 1947; R. CADIOU, *À travers le Protreptique de Jamblique*, Rev. ét. gr., 1950; A. R. SODANO, *La tradiz. manoscritta del De myst. di Giambl.*, Giorn. ital. di filol., 1952; E. STAMATIS, *Arithmoi Téleioi*, etc., Platon, 1952; S. FRONTE, *Sull' autenticittà del De myst. di Giamblico*, Sycul. Gymn., Catania, 1954.
   b) JULIANO: W. SCHWARTZ, *De vita et script. Juliani imper.*, Bonn, 1888; *Juliansstudien*, Philol. 1892; A. GARDNER, *Jul. philos, and emperor*, London, 1895; P. ALLARD, *Julien l' apost.*, 3 vols., III ed., París, 1906-10; G. NEGRI, *L'imper. Giul. l'apost.* IV ed., Milano, 1928; C. PARSONS, *Sir Jul. the apost.*, London, 1903; G. MAU, *Die Religionsphilos. Kaiser Julians*, Leipzig, 1908; C. BARBAGALLO, *Giul. l'apost.*, Génova, 1912; J. GEFFKEN, *Kaiser Julianus*, Leipzig, 1914, J. BIDEZ, *Jul. l'a-*

post., Rev, instr. publ. Belg. 1914; A. ROSTAGNI, *Giul. l'apost.*, Torino, 1920; W. DOUGLAS SIMPSON, *Julian the apost.*, Aberdeen, 1930; J. BIDEZ, *La vie de l'emp. Julien*, Paris, 1930; R. ANDREOTTI, *Il regno dell'imper. Giul.*, Bologna, 1936; F. A. RIDLEY, *Jul. the apost. a. the Rise of Christian.*, London, 1937; R. FARNEY, *La relig. de l'emp. Julien et le mysticisme de son temps*, París, 1934; J. BIDEZ, *Julian der Abirünnige* (trad.), München, 1940; V. USSANI, *Panegírico del Sole re dell'imper. Giul.*, Miscell. Galbiati, Milano, 1951.

c) SALUSTIO: F. CUMONT, *Sall. le philos.*, Rev. philol., 1892; E. PASSAMONTI, *La dottr. dei miti di Sallustio filos. neoplat.*, Acc. Lincei, 1892.

5) ESCUELA DE ATENAS (Siriano, Proclo, Damascio, Simplicio): Th. BACH, *De Syriano philos. neoplat.*, Lauban, 1862; K. PRAECHTER, Götting. gel. Anzeig., 1903. A. BERGER, *Proclus, Expos. de sa doctr.*, París, 1840; J. FREUDENTHAL, *Zu Proklos u. d. jüng. Olympiodor*, Hermes, 1881; *Ueb. Abfass. u. Reihenfolge d. Werke d. Prokl.*, ibid. 1881; *Ueb. d. Lebenszeit d. Proklos*, Rhein. Mus. 1888; M. SCHNEIDER, *Die Hymnen d. Pr. in ihr. Verh. zu Nonnos*, Philol., 1892. J. STIGLMAYR, *Der neoplat. Prokl. als Vorl. d. sog. Dionys. Areop.*, Hist. Jahrb., 1892; J. A. LEONISSA, *Aeropagítica*, Jahrb. f. Philos. u. spek. Theol., 1898; M. ALTENBURG, *Der Methode d. Hypothesis bei Plat. Arist. u. Proklos*, Marburg, 1905; J. BIDEZ, *Psellus et le comment. du Timée de Proclus*, Rev. de philol., 1905, G. PASQUALI, *Proleg. ad Procli comment. in Cratylum*, Studî ital. di filol. cl., 1906; O. IMMISCH, *Beitr z. Chrestom. d. Proklos, etc.*, Festschr. Th. Gomperz, Wien, 1902; F. STEIN, *De Procli chrestom, gramm. quaest. selectae*, Bonn, 1907, Diss.; WILAMOWITZ MOELLENDORFF,

De Hymm. d. Proklos u. Synesios, Berlín. Ak., 1907; N. HARTMANN, *Das Prokl. Diad. philos. Anfangsgr. d. Mathem.,* Marburg, 1909; C. TRAVAGLIO, *La teoria della conosc. nei commentari di Proclo,* Ist. Lomb., 1911; E. KLOSTERMANN, *Numen. und Prokl. de decem dubit.,* Wiss. Ges. Strassburg, 1915; H. F. MUELLER, *Dionysos, Proklos, Plotinos,* Münster i. W., 1918; A. G. LAIRD, *Platos Geom. Number a. the comm. of Proclus,* Madison Wisconsin, 1918; R. NAZZARI, *La dialett. di Proclo e il sopravv. della filos. crist.,* Roma, 1921; G. GALLAVOTTI, *Eterog. e cronol. dei comm. di Proclo, alla Republ.,* Riv. filol, class., 1929; *L'estetica greca nel suo ultimo cultore (Proclo),* Acc. Scienze Torino, 1930; I. G. WESTERINK, *Proclus, Procopios, Psellus,* Mnem., 1952; M. STECK, *Proclus Diadochus u. seine Gestaltlehre d. Mathem.,* Halle, Ak., d. Naturforsch, 1943; M. MICHAUD, *La philos. des mathém., chez Proclus,* Univ. Louvain, thèse, 1946; L. J. ROSAN, *The philosophy of Proclus, The final phase of ancient thougth,* New York, Cosmos, 1949; A. PERTUSI, *Intorno alla trad. ms. degli scolii di Proclo ad Esiodo,* Aevum, 1950-51; V. SALEMI, *Spunti neoplat. nel comm. di Proclo agli Erga Kai Hemerai,* Ann. Fac. Lettere Napoli, 1951; G. MARTANO, *L'uomo e Dio in Proclo,* Napoli, 1952; E. ELORDUY, *El probl. del mal en Proclo y el Ps. Areopagita,* Pensamiento (Madrid), 1953; P. BOYANCÉ, *Théurgie et télestique néoplaton.,* Rev. hist. relig., 1955.

C. RUELLE, *Le philos. Damascius,* París, 1861; *Damascius, son traité des premiers princip.,* Arch. Gesch. Philos., 1890; E. HEITZ, *Der philos. Damaskios,* Festschrift Zeller, Tübingen, 1884; J. R. ASMUS, *Zur Reconstr. von Damask. Leben des Isidorus,* Byzant. Zeitschr., 1907-10; P. CORSSEN, *In Damasci Diad. dubilationes et solutiones,*

Berlín. Phil. Woch., 1911 e *In Damasc. Platon, de orbe lacteo, etc.*, Rhein. Mus., 1911; KROLL, *Damaskios* en Pauly Wissowa.
J. ZAHLFLEISCH, *Die Polemik d. Simplikios gegen Aristot.*, etc., Arch. Gesch. Philos., 1897; *Die Polemik d. Simplik. gegen Alexander* etc., ibidem; *Einige Korollarien des Simpl. in sein Komment. zu Arist. Phys.*, ibid., 1902; *Variae lectiones zur Physik*, etc., Philol., 1900; *Griech. Miszellen*, Festschr. Gomperz, Wien, 1902; Ch. WADDINGTON, *Simplicius (La philos, ancienne*, París, 1904); P. SHOREY, *On Simplic. de caelo*, etc., Class. Rev., 1905 y Class. Phil., 1908; P. CORSSEN, *In Simplic. in Arist. libr. de caelo*, etc., Berlin. Phil. Woch., 1911; K. PRAECHTER, *Simplik. in Aristot. de caelo* 370, Hermes, 1924; *Simplikios* en Pauly Wissowa.

6) ÚLTIMOS ALEJANDRINOS:
P. TANNERY, *Sur la période finale de la philos. grecque*, Rev. philos., 1896; W. A. MEYER, *Hypatia von Alexandria*, Heidelberg, 1886; C. PASCAL, *Ipazia (Figure e caratteri*, Palermo, 1908); K. PRAECHTER, *Hypatia* en Pauly Wissowa; A. W. RICHESON, *Hypatia of Alexandria*, Nat. Mathem. Magazine, 1940; D. J. E. SCHREK, *Hypatia von Alexandrie*, Euklides, 1945-46.
SINESIOS: C. SCHMIDT, *Synesii philosophumena eclectica*, Halis Sax., 1889; O. SEECK, *Studien zu Synes.*, Philol., 1893; W. FRITZ, *Die Briefe des Bischof Synes. von Kyr.*, Leipzig, 1898, Abh. München Ak. 1905-09, Byzant. Zeitschr., 1905; W. S. CRAWFORD, *Synes, the Hellen*, London, 1901; G. GRUETZMACHER, *Synes, von Kyr.*, Leipzig, 1913; G. BARACCONI, *L'ultimo grand'uomo della Cirenaica*, N. Antol., 1913; A. LUDWIG, *Die Schrift Perì enypnion d. Synes, von Kyr., Theol. u. Glaube*,

Paderborn, 1915; WILAMOWITZ, *Die Hymnen des Proklos u. Synesios*, Berl. Ak., 1907; N. TERZAGHI, *Studî sugli inni di Sinesio*, Riv. Indo-greco-ital., 1921-22.

JUAN FILÓPONO: L. RADERMACHER, *De aetate mundi*, Philol, 1900; K. BURKHARD, *Auszüge aus Philop.* etc., Wien. Stud., 1912; GUDEMAN-KROLL, *Johannes Philop.* en Pauly Wissowa; G. MERCATI, *Pseudo Philoponus*, Rhein. Mus., 1914.

OLIMPIODORO: B. MAAS, *Olymp. de itin. Platonis*, Philol. Unters., 1880; L. SKOWRONSKI, *De scholiis Olympiod.* y *De auctor. Herenii et Olymp. alexandr. scholiis*, etc., Breslau, 1884; K. PRAECHTER, *Olympiod. und Kedren*, Byzant. Zeitschr., 1903, *Olympiod. und Synkellos*, Biz. Zeitschr., 1906; W. NORWIN, *Olympiod, fra Alexandria og hans comm. tit. Platons Phaidon*, Köbenhavn, 1915.

NEMESIO DE EMESA: M. EVANGELIDES, *Ueber Nemes. u. sein. Quellen*, Berlín, 1882, diss.; K. J. BURKHARD, *Zu Nemes.*, Wien. Stud., 1893, 1904 y 1908; L. DITTMEYER, *Zur vetusta transl. des Nemesios*, Blätt, für d. Gymnasialschulv. bayer., 1888; E. TEZA, *La natura dell'uomo di Nemesio*, Ist. ven., 1892 y *Nemesiana*, Acc. Lincei, 1893; D. BENDER, *Unters. zu Nemes. von Emesa*, Heidelberg, 1898; R. DOMANSKI, *Die Lehre des Nemes. üb. d. Wesen d. Seele*, Münster i. W., 1897, *Die Psychologie des Nemesios*, Münster i. W. 1900; W. JAEGER, *Nemesios von Emesa*, Berlín, 1914; H. A. KOCH, *Quellenuntersuch. zu Nemes. v. Emesa*, Berlín, 1921.

Índice

I. *Guías y repertorios bibliográficos* 7
   A) De carácter general (7); B) De la filosofía en general (7); C) De la filosofía antigua (9)

II. *Fuentes* 11

III. *Ediciones y traducciones de obras y fragmentos* 15
    Presocráticos (15); Socráticos menores (21) Platón y discípulos (22); Aristóteles y sus discípulos (24); Estoicos (26); Epicúreos (27); Escépticos (29); Eclécticos (30); Estoicos de la edad romana (31); Cínicos de la época imperial (33); Judeo-Alejandrinos (34); Neopitagóricos, platónicos pitagorizantes, peripatéticos (34); Neoplatónicos (37); Matemáticos y médicos (39).

IV. *Literatura moderna histórico-crítica* 42
   A) *Obras generales de historia de la filosofía* 42
      1) Sobre toda la historia de la filosofía (42). 2) Sobre historia de particulares problemas, sistemas y ciencias (43)
   B) *Obras generales de historia de la filosofía greco-romana* 45

[147]

Historias de la filosofía antigua en conjunto (45); Historias compuestas mediante textos selectos (48); Sobre problemas, sistemas y ciencias particulares: problemas metafísicos (48); concepciones del universo (49); concepciones religiosas (50); concepciones del hombre, la vida, la ética, la política y la educación (50); sobre la ciencia griega (52).

C) *Presocráticos* 53
Obras generales (53); Orfismo (55); Escuela jónica (56); Escuela pitagórica (59); Heráclito (62); Escuela eleata: Jenófanes, Parménides, Zenón, Meliso (64-68); Empédocles (68); Jon de Quíos (69); Anaxágoras y Arquelao (69); Atomistas: Leucipo y Demócrito (70-71); Sofistas: estudios generales, Protágoras, Gorgias, Hipias, Pródico, Antifonte, Critias, Cálicles, Trasímaco, Eurípides, Anónimo de Jámblico (73-77).

D) *Sócrates y Socráticos menores* 77
Sócrates (77); Socráticos: Jenofonte, Escuela megárica y eleoeretríaca, Escuela cínica, Escuela cirenaica, Esquines (79-82).

E) *Hipócrates e hipocráticos* 82

F) *Platón y sus discípulos* 83
Obras generales sobre Platón (83); Cuestión platónica (85); Filosofía platónica en conjunto (86); Ideas y números ideales, dialéctica y gnoseología (86); Metafísica, religión, cosmología (87); Antropología, ética, política, pedagogía, estética (88); Ciencias matemáticas (89); Diálogos particulares (90); Academia y primeros discípulos (90).

G) *Aristóteles y sus discípulos* 91
Obras sobre vida y pensamiento (91); Sobre su siste-

ma y su evolución (92); Colecciones de estudios (93); Relaciones con la filosofía anterior y fortuna histórica (93); Doctrinas metafísicas y religiosas (94) Lógica y gnoseología (96); Doctrinas científicas, físicas y matemáticas (97); Doctrinas biológicas y psicológicas (98); Doctrinas éticas, políticas, pedagógicas y de historia de la cultura (99); Teorías estéticas, poéticas, retóricas (100); Influjo histórico de Aristóteles (101); Escuela de Aristóteles y discípulos: Teofrasto, Eudemo, Aristójeno, Dicearco, Estratón, Diocles, Aristarco de Samo, Alejandro de Afrodisia (101-104); comentaristas griegos (104).

H) *La filosofía postaristotélica o helenística* 104
I) *La escuela estoica* 106
Estudios de conjunto (106); Partes de la doctrina (106); Los primeros estoicos: Zenón, Cleanto, Crisipo, Aristón (107-108).
K) *Epicuro y epicúreos* 108
Epicuro y epicureísmo (108); Filodemo (111); Lucrecio (111); Diógenes de Enoanda (113).
L) *Los escépticos* 113
Sobre el escepticismo en conjunto (113); Pirrón y Timón (114); Media y nueva academia: Arcesilas y Carneades (115); Los escépticos posteriores: Enesidemo y Sexto Empírico (116).
M) *Eclecticismo* 118
Eclécticos del estoicismo medio: Panecio y Posidonio (118); Antioco de Ascalona (119); Cicerón (120).
N) *Científicos de Euclides a Eratóstenes* 122
Euclides (122); Arquímedes (123); Claudio Tolomeo (123); Galeno (124); Eratóstenes (125)
O) *El estoicismo de la edad imperial* 125

Séneca (125); Epícteto (127); Musonio Rufo (128); Marcos Aurelio Antonino (128).
P) *Judeo-alejandrinos* 129
El pensamiento hebreo de la época (129); Filón alejandrino (130).
Q) *Neopitagóricos y platónicos pitagorizantes* 131
Nigidio Figulo (131); Apolonio de Tiana y Filóstrato (132); Nicómaco y Anatolio (132); Hermes Trismegisto (132); Plutarco de Queronea (133); Otros platónicos (135); Celso (135); Numenio de Apamea (136).
R) *El Neoplatonismo* 136
Neoplatonismo en conjunto (136); Escuela de Alejandría: Amonio Sacca (137); Plotino (137); Porfirio (140); Escuela Siria de Pergamo: Jamblico (141); Juliano (141); Salustio (142); Escuela de Atenas: Siriano, Proclo, Damascio, Simplicio (142); Últimos Alejandrinos: Sinesios (144); Juan Filópono (145); Olimpiodoro (145); Nemesio de Emesa (145).

Este libro se terminó de imprimir
en Indugraf S.A.,
en el mes de noviembre de 2005.
www.indugraf.com.ar